暮らしの図鑑

# ニューヨークの毎日

私らしい、
モノ・コトの
見つけ方。

パワフルな街を
自分らしく
楽しむ工夫
×
基礎知識
×
NYをもっと深める
モノ・コト20

SHOEISHA

# はじめに

私たちの暮らしを形作るさまざまなモノやコト。

自分で選んだものは、日々の暮らしをより豊かにしてくれます。

「暮らしの図鑑」シリーズは、本当にいいものをとり入れ、自分らしい暮らしを送りたい人に向けた本です。

使い方のアイデアや、選ぶことが楽しくなる基礎知識をグラフィカルにまとめました。

お仕着せではない、私らしいモノ・コトの見つけ方のヒントが詰まった1冊です。

この本のテーマは「ニューヨーク」。

経済や文化の中心地。アートやファッションなど、最先端のカルチャーが集まる大都市。そんな華やかなイメージの一方で、ユニークなコミュニティや独特の文化、豊かな自然など、地域ごとに異なる特色や人々の暮らしがあります。

この本では、「自由」な空気感に憧れ、単身渡米後30年以上ニューヨークで暮らしてきた著者が、どんなふうにこの街で暮らしてきたのか、移り変わる社会や暮らしの様子と、パワフルな街の中でも自分らしさを見失わず、日々を楽しく過ごす工夫について見ていきます。

また、観光ガイドブックでは取り上げない、ニューヨークをもっと深めるユニークなモノ・コトも紹介しています。

はじめに 3

## PART 1 パワフルな街を自分らしく楽しむ 前編

01 人生を決めた小さなローラースケートリンク 14
02 地下鉄のパフォーマンスがエネルギーの源 18
03 ドッグウォーカーという仕事 22
04 毎日どこかでにぎわうファーマーズマーケット 26
05 工事現場の覗き窓 32
06 英語ができなくても生きてゆける街 36
07 物価高でも頼れる99セントストア 38
08 出会いを広げるマッチングアプリ 42
09 困っている人をすぐ助ける習慣 44
10 癒やしのフラワーディストリクト 46
11 ニューヨーカーの朝食に欠かせないベーグル 50
12 変わりゆくドラッグストア事情 52
13 マンハッタンで楽しむ蛍の舞 54
14 信号を待ちきれず渡る「ジェイウォーク」 56
15 マイボトルとお出かけ 58
16 老若男女、みんな励むボランティア活動 60
17 食べきれない食事は遠慮なく「お持ち帰り」 64
18 ゲイコミュニティに安心な街 66
19 タイムズスクエアのど真ん中で行う「夏至ヨガ」 70
20 暮らしに溶け込むセントラルパーク 74

# PART 2 ニューヨークの基礎知識


ニューヨークの歴史 —— 86

ニューヨーク市の基本情報 —— 88

ニューヨーク市の５つの区 —— 90

ニューヨーク市のストリート（通り）の名前 —— 92

ニューヨーク市の交通 —— 94

年間カレンダー：ニューヨークの祝日、イベント＆パレード —— 96

ニューヨーク市の生活のいろは —— 102

## PART 3 パワフルな街を自分らしく楽しむ 後編


21 エンドロールの余韻 106

22 憧れという魔法 108

23 レストランのグレードABC 112

24 公共のトイレ事情 116

25 街中の気軽なコミュニケーション 118

26 賞味期限とレシート 120

27 切実かつ戦略的な結婚 122

28 お互いの信仰を尊重すること 124

29 小さな生き物との出会い 128

30 週末は公園でピクニック 132

31 ニューヨークのピザがおいしい理由 134

32 見知らぬ人のくしゃみに「God bless you!」 138

33 仕事も恋愛も、好きなことに生涯現役 140

34 「自由」を象徴するジャズ 142

35 ペットフレンドリーな社会 148

36 クリスマスツリーへの憧れ 150

37 ニューヨークの雨に教えてもらったこと 156

# PART 4 NYをもっと深めるモノ・コト20

N.Y. SMALL GOOD THINGS 20 >>


01 黄色いものたち —— 160
02 ボデガ —— 162
03 厳格に義務付けられた暖房の温度 —— 164
04 アンバーアラート —— 166
05 ウォータータンク —— 168
06 個人が所有するパブリックスペース —— 170
07 長蛇の列 —— 172
08 生誕100周年！ブルックリンの「サイクロン」 —— 174
09 ニューヨーク・スニーカー物語 —— 176
10 アパートの外階段 —— 178
11 道の真ん中に鎮座する氷河時代の岩 —— 180
12 移民の食事を支える老舗 —— 182
13 街中のアート鑑賞 —— 186
14 歴史に浸れるホテル —— 190
15 定番人気の商品たち —— 194
16 新たに誕生した人工の島とビーチ —— 196
17 ビールブルワリー —— 198
18 アートギャラリー —— 199
19 ヘス・トライアングル —— 200
20 サイレントディスコ —— 202

おわりに —— 204
著者紹介 —— 205
本書内容に関するお問い合わせについて —— 207

OPEN MIC NIGHT
G WATERZ
$15 cover
hosted by
G WATERZ
4.18
hosted by
ERMAINE PAUL
4.25

HE HE HE
COME LAUGH
WITH ME!
Photo Credit: Hannah Smith

Walgreens
Subway

SABRETT
SABRETT
SABRETT
Lunch & Breakfast

153

NYC'S ONLY
TS BAR

PRET

STAYMAN'S
WINESAP
EMPIRE
Ambrosia

NEWYORK L'IFESTYL'E

# PART 1

## パワフルな街を自分らしく楽しむ

前編

# BEING YOURSELF IN AN INVINCIBLE CITY (FIRST HALF)

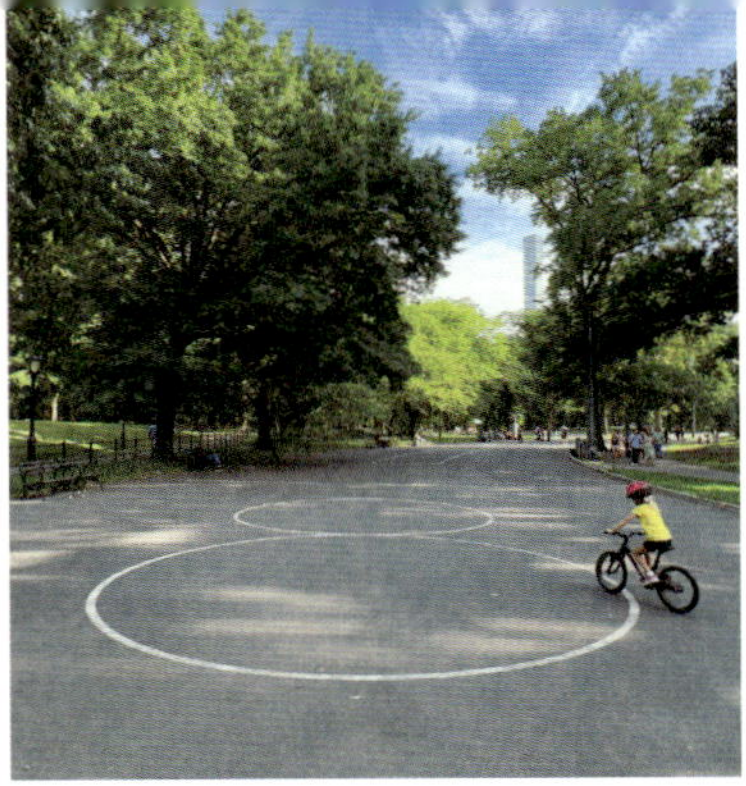



# 人生を決めた小さなローラースケートリンク

ROLLER SKATE

4月中旬から10月末にかけての週末、セントラルパークの一角で、DJが80年代、90年代のダンスミュージックを流しています。※1 ダンスフロアは、アスファルトにペンキで円が描かれただけのとても狭い場所。でもこの小さなスペースは、さまざまな人種の老若男女が音楽に合わせて踊るローラースケートリンクになるのです。

みんなくるくる回ったり、ジャンプしてアクロバットを見せたりと、好き勝手に踊りながらスケートをしています。

セントラルパークを散歩していて偶然この場所を見つけ気になっていた私は、ある日、勇気を持って輪の中に入っていきました。「Akikoです」と自己紹介すると、ある若い男性が「もう少し短くしよう！ Kikiでどう?」と提案してくれたので、ここ

での私の名前は、「キキ」に。その場のみんなが私をすんなりと受け入れてくれたことがとても心地よかったのを覚えています。また、いつもと違う名前で呼ばれるたびに、不思議な魔法にかかって自分がちょっとおてんばな女の子に変身したような気分になり、気後れせずに自分を出していけました。

ここでみんなと挨拶をするときは、「ハイ5」[※2]やハグ。「また今日も会えてよかったね！」という思いが込められています。本名、年齢、職業、セクシャル・オリエンテーションなど、誰も聞かないし、知らなくてもいい、何も気にしないといった世界でした。

もともと持っていたので、ローラーブレード[※3]で参加してみたのですが、気がつくと、輪の中で踊っている人たちのスケートは、ほとんどが昔ながらの四輪のローラースケートでした。皆の様子を見て、ローラーブレードではやりにくいトリックがあると知って、私もさっそく四輪のローラースケートを購入。2〜3回参加して滑った後は、周りにならって、前面に付いたストッパー（ブレーキ）も取り外してみました。ストッパーは、ダンスやトリックをするとき邪魔になるものとされているのです。

好きなときにふらっとやって来て、スケート靴を履き、みんなでただひたすら踊って汗をたくさんかいたら、「See you next week!」（「じゃ、また来週！」）。毎回この繰り返しでしたが、私は「これが私の欲し

かった自由だ！私もこのニューヨークで暮らしてゆこう」と決意してしまったのです。私の過去も、将来も、誰も気にしない。匿名のまま、今、誰であっても、この先誰になってもよい世界。スケーターの輪は、みんなを平等に受け入れていました。それは、みんなが好きなように踊っていても、実は目に見えないルールがあるからこそ。お互いの距離感はきちんと守ること。だからこそ、いがみ合いやケンカもない世界なのです。

そんなスケーターの輪の中に、当時60代のヒスパニック系の女性がいました。彼女は私のお母さんのような存在で、新しいボーイフレンドができるたびに真っ先に恋愛相談に乗ってもらっていました。毎回同じような恋愛のパターンに陥る私に、いつも「そんなの早く別れなさい！次！」と、辛口の言葉をかけてくれました。こんなスケーターのみんなとの出会いが、その後30年以上もニューヨークで生活することになった、大きなきっかけでした。

※1　セントラルパークダンススケーターズアソシエーション公式サイト。カレンダーでDJが来る日のチェックができます。https://cpdsa.org

※2　お互いの右手を挙げて、手のひらを軽くタッチし合う挨拶。和製英語で、「ハイタッチ」と呼ばれます。

※3　インラインスケートとも呼ばれます。車輪が一列に並び、主にスピード感を楽しむ、走るために使われるスケートです。

# 地下鉄のパフォーマンスがエネルギーの源

PERFORMERS

ニューヨークの地下鉄は、どこまでも乗っても均一料金（2・90ドル。2024年11月時点）ですが、日本のように時刻表どおりの運行ではなく、遅延証明書もありません。基本的に、そのとき来た電車に乗っています。また、各駅停車がいきなり部分的に急行になることもあり、アナウンスや周囲の動きに敏感になる必要があります。

そんな地下鉄ですが、電車の車内や駅構内で、日々さまざまなパフォーマンスを見ることができます。例えば人形と一緒にサルサを踊るおじさん。私がニューヨークに住み始めた30年前から、ずっとタイムズスクエアの駅構内でパフォーマンスを続けています（もしかしたら2代目かもしれませんが、風貌が昔と変わっていません）。

また、マリアッチと呼ばれる3〜4人組のヒスパニック系の男性たちが、アコーディオン、ギター、コントラバスなどの楽器を持って地下鉄に乗り込んでくると、歌と生バンドのライブ演奏が始まります。

他にも、10〜20代の若者たちが音楽をかけながらアクロバットを披露

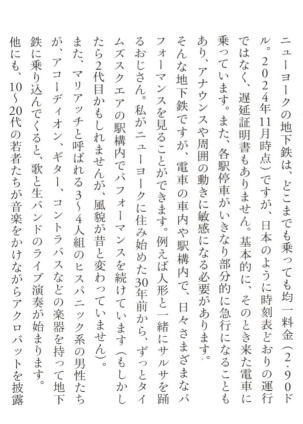

34 St
Penn
Station
1

することも。彼らは車両の狭い空間で、乗客にギリギリ触れない距離をきちんと保ちながら、手すりを使ったポールダンスを器用に披露します。ときには、乗客がリズムをとって手を叩くことも。

3～4人の黒人の男性たちが、杖で車内の床を突いて、アカペラで歌いながら行進してゆくこともあります。

たいていの場合、急行の駅の間の3～4分間を利用してさまざまなエンターテインメントが繰り広げられます。パフォーマーは、最後にバケツや紙袋、帽子等を受け皿のように持ち、チップをもらうために乗客の間を行ったり来たりします。最近では、電子で支払いができるアプリも使っているようで、QRコードを提示しているパフォーマーもいます。現金を持っている人たちは、1～2ドルを手渡しています。

地下鉄でこういったパフォーマーを見るたび、私はいつもたくさんのエネルギーと、自分の生き方を見つめ直す機会をもらいます。自分の好きなことを披露して、報酬を得て、生きる。もちろん、本当に生活を考えると厳しい面もあるでしょう。音量制限など、地下鉄のルールを守ることも大切です。※ でも、本当に好きなことに向き合っていれば、結果、お金もついてくるのではないか、ということを思い出させてもらえるのです。エネルギッシュなこの街では、見るものがすべて師になってしまいます。

※　ニューヨーク州都市交通局（Metropolitan Transportation Authority：MTA）による地下鉄のルールの説明
https://new.mta.info/document/54241
https://new.mta.info/agency/arts-design/music/subway-performance-rules（1050.6 の項目に該当）

# ドッグウォーカーという仕事

## DOG WALKER

ドッグウォーカーという仕事を、ご存じでしょうか。彼らは忙しい飼い主や歩行が困難な飼い主に代わって、犬を散歩させています。個人で行っている人もいますが、数人がグループで助け合って行うことが多いようです。

ドッグウォーカーは需要が高い仕事で、これで生計を十分立てられる人たちもいるようです。犬の散歩時間はおよそ30〜60分で、1回の謝礼の相場は、1頭につき20〜30ドルです。週末は料金がアップする場合もあるようですが、ペットは大切な家族の一員。飼い主たちはお金を惜しみません。

他にも、ペットシッターに「ペットの散歩や食事をお願いする」「一緒に遊んでもらう」「ペットシッターの家で、飼い主が留守の間ペットを預かってもらう」というサービスもあります。

グループで散歩する犬の集団は、いつでもどこでも、みんなとても静かに歩いています。ドッグウォーカーの方に聞いたところによると、

飼い主と一緒に散歩をしているときよりも、グループで散歩するときのほうが、黙々と歩くことが多いようです。犬たちは、仲間と一緒にいて安心なのかもしれません。他にも、飼い主との散歩を拒む犬も、グループなら安心して歩くケースもあるそうです。

グループの中の1頭がトイレのために立ち止まった瞬間は、犬を撫でさせてもらう絶好のチャンスです。「Can I pet them?」（「撫でてもいい？」）と聞けば、ほとんどの場合、「Sure!」（「もちろん！」）と返ってきます。他の犬たちは、じっと静かに仲間のトイレが終わるのを待ちます。

飼い主たちはドッグウォーカーに絶大な信頼を置いています。というのも、留守の間にドッグウォーカーが犬を迎えに来る場合がほとんどで、アパートの部屋の鍵をドッグウォーカーに預けている人も多いのです。

ちなみに、4年前と10年前にシニア犬とシニア猫を看取った私は、いまだに次の子を家族として迎え入れることができずにいます。でもドッグウォーカーと散歩している犬たちに公園や道端で話しかけ、撫でさせてもらいながら、いつかまた新しい家族を迎えるための心のリハビリをさせてもらっています。

# 毎日どこかでにぎわうファーマーズマーケット

FARMERS MARKET

ニューヨーク市主催のファーマーズマーケットは、毎日どこかで開催されています。それもそのはず。市内で約130か所もあり、そのうち約30か所は1年中行われているからです。ニューヨーカーにとても人気があります。

ファーマーズマーケットでは、ニューヨーク州やその近郊の州で収穫、製造されたものが販売されています。ニューヨーク市は売り手と買い手をつなぐ役目を担っており、市民は地元の新鮮な食材によって健康を促進し、地元の農家は販路の確保ができます。

ファーマーズマーケットでは野菜、果物、肉、卵、魚、パスタ、チーズ、パン、焼き菓子、蜂蜜、ハーブ、ワインなど、さまざまな食品が手に入

TERHUNE'S
WILD TWIST
RED DELICIOUS
$3.50 Lb
IDA RED
FUJI
$3.50/lb
Winesap
-Tart
-Crisp
MACOUN
CYCLISTS

ります。各店舗のテーブルが通り沿いや敷地内に並び、食品以外に、毛糸や花なども売られています。早朝から昼前までが狙い目。品揃えが豊富な時間帯なので、ファーマーズマーケットの日は早起きが必須です。

私が普段から通うファーマーズマーケットは、コロンビアグリーンマーケット（Columbia Greenmarket）や、97丁目グリーンマーケット（97th Street Greenmarket）です。主に野菜や果物を買いに行きますが、冬には真っ赤なりんごの横に、温かいアップルサイダーと、甘さ控えめのアップルサイダードーナツが並びます。アジア系の野菜農家の店先にも、夏は明日葉、冬はかぶといったように、常に季節を感じさせる野菜が並び、1年中飽きることがありません。

特にお気に入りなのが、ユニオンスクエアグリーンマーケット（Union Square Greenmarket）。ニューヨーカーなら誰でも一度は足を運びたいと思う、有名なファーマーズマーケットです。規模が大きく、店舗数は他の3倍以上はあります。

ファーマーズマーケットは、地元の農家や製造者が出店しているため、作り手の顔が見えて安心です。また、スーパーに並んでいる食材よりも、格段に新鮮です。特に緑の葉物は、摘み取られてから時間が経って到着するものも多いため、スーパーに並んでいる時点で、

見た目よりも早く傷む傾向があると思います。

ファーマーズマーケットで同じ店に通っていると、いつしかお店の人も私の顔を覚えてくれます。「今日はこれがおすすめだよ」と教えてくれることもあり、日本で例えるなら、近所の商店街にある行きつけの八百屋をのぞくような、温かな気持ちを思い出します。

ユニオンスクエアグリーンマーケットでは、近くのレストランのシェフたちが、シェフコートを着たままカートを引いて野菜を買い込んでいく姿も見かけます。

フレッシュな野菜のジュースを求めて来る人、アップルサイダードーナツとアップルサイダーを目当てに立ち寄る人、ワイン農家とのおしゃべりを楽しむ人……。ファーマーズマーケットに来る人たちの目的はさまざまですが、ここは、ニューヨーカーの食生活を豊かにしてくれる大切な存在です。

Alfalfa Sprouts
Broccoli Sprouts
Lentil Bean Sprouts
Green Pea Sprouts
Sold Out
Rainbow Radish Sprouts
IG: @UnionSquareGrassman
Mung Bean Sprouts
Wheat Sprouts
Pea Shoots
Sunflower Sprouts
Buckwheat Greens
Nasturtium Greens
Nasturtiums
COLLINS

Fava Greens $4/bunch
Ashitaba (신선초)
• Has a pleasant nutty taste similar to green tea.
• Ashitaba can be enjoyed as a tea, added to smoothies and salads, or sauteed.
• Contains high levels of antioxidants; prevents and combats anemia with its high levels of iron, calcium, and potassium.
(Minari)
Korean Watercress
• Is similar to European watercress with a much stronger herbal, peppery, and tangy flavor
• Great in quiches, sandwiches, stir-fry, pasta and stew, as well as any creamed vegetable dish or casserole.
• Rich in natural phytonutrients like isothiocyanates that have health promotional and disease prevention properties. Rich in copper, calcium, vitamins C and K

Ramps
Basil
OREGANO
Pasture Raised Chicken's
EGGS
$7.00 dozen
Andrew's
LIGHT CIDER
Sparkling APPLE CIDER
Beets

# 工事現場の覗き窓

## PEEPING

ニューヨークの工事現場は、安全確保のためベニア板の塀で囲まれていますが、板塀は必ずハンターグリーンという深緑色に塗装されています。そしてその塀には、一様に透明のプラスティックでできた覗き窓のようなものが付いていて、通行人は工事現場をいつでも覗くことができます。

私は、工事現場の進捗状況を覗き窓から観察するのが楽しみです。「こんなに深く土を掘るんだ!」「あと2か月で完成できるの!?」「ドラマの事件現場みたい!」など、いろいろと想像してワクワクしてしまいます。でも、私のように立ち止まって、覗き窓からじっくり見ている人には出くわしたことがありません。

PARIS BAGUETTE
CULINARY ART BACKED
NYPD POLICE

覗き窓と深緑色の謎を調べてみたところ、これはどうやらニューヨーク市の決まり事らしいのです。覗き窓を付けている理由は、「市民が安全に塀の外側から工事の様子を観察できるようにするため」。その板塀が深緑色の理由は、「人々の気持ちが落ち着くように」とのこと。※1

明白に言及はされていませんが、私は、覗き窓は犯罪防止の安全対策に違いないと密かに思っています。

人間、隠されていると見たくなる。ニューヨークの工事現場は、人間の心理を巧みに使って市民の安全を確保しようとしているように思えます。

また、ビルの外観部が古くなり修理する場合、外壁に足場が組まれ、2階部分はパネルで囲まれます。※2 これもハンターグリーンに塗られたベニア板を使用する場合が多いです。しかし最近は、全体が真っ白で、明るくおしゃれな足場も見かけるようになりました。

工事現場の覗き窓や工事の足場など、ちょっとした日常の光景ですが、よくよく考えてみるとこういったもの1つひとつが街の景観づくりや、市民の安全につながっているのだなと改めて感じます。

※1 建設フェンスに関する用語
https://www.nyc.gov/site/buildings/dob/key-project-terms-cons-fence.page
フェンスの色は深緑色（ハンターグリーン）
https://www.nyc.gov/assets/buildings/local_laws/ll47of2013.pdf
フェンスの色が深緑色（ハンターグリーン）の理由
https://tribecacitizen.com/2018/02/12/nosy-neighbor-why-are-construction-fences-always-green/comment-page-1/
※2 ビルの外壁の安全確保
www.nyc.gov/site/buildings/safety/facade-local-law.page

# 英語ができなくても生きてゆける街

## NON-ENGLISH

地下鉄の中、バスの中、街の中。ニューヨークでは、日々たくさんの違う言語が飛び交っています。

例えば地下鉄7番線のクイーンズにある終着駅フラッシング。チャイナタウンのど真ん中に位置し、中華をはじめ、さまざまなアジア系のレストランがたくさんあります。新鮮な果物、魚、肉など、アジア系の食材を売る大きなマーケットも。ここでは、働く人たちのほとんどが英語を話しません。レストランでは、必要最低限の英語を駆使してメニューの説明をしていますが、発音も聞き取りにくい場合が多いのです。でも、自国の言葉の訛りがいっぱいでも、英語で堂々と話しています。ここに来ると、「英語が完璧にできなくても、ちゃん

と生きてゆけるんだ」と勇気が湧いてきます。

また、街や地下鉄の中ではスペイン語もよく飛び交っています。2020年の国勢調査（ニューヨーク州ニューヨーク市）によると、ニューヨーク市の人口880万人のうち、29%がヒスパニック系住民とのこと。※

先日、私はクイーンズの地下鉄7番線のウッドサイド駅の隣駅、69ストリート駅のホームで電車を待っていました。すると、いきなりスペイン語のアナウンスが。次に英語のアナウンスが流れるまでの短い時間、私はスペイン語圏の国に迷い込んだかのような感覚になりました。また、地下鉄の車内では、英語、スペイン語、中国語が併記された広告もよく見かけます。ニューヨーク市の案内表示も、多言語で表記されています。さらに最近では、ありがたいことに、「日本人って、LとRの区別がないんだよね？」と、こちらの発音のコンプレックスを知っている人たちもたくさんいますし、英語以外の母国語を使う人々は、そのコミュニティ内でうまく助け合っています。

生きていくのに英語を使う必要があれば、使うしかありません。でもニューヨークは、実は英語がうまく話せなくても、たくましく生活している人たちがたくさん住んでいる街なのです。

※ ニューヨーク市の人口内訳（2020年）
https://www.census.gov/quickfacts/fact/table/newyorkcitynewyork/PST045222

# 物価高でも頼れる99セントストア（ダラーストア）

99 CENTS STORE

ディスカウントストアは庶民の味方。通称「99セントストア」または「ダラーストア」と呼ばれ、「99」または「ダラー」の文字が看板に入っている店です（日本で言う「100円ショップ」）。地域住民が日常の生活雑貨を買うために利用するので、マンハッタンの中心街、オフィス街では見かけません。

ダラーストアのチェーン店「Dollar Tree（「ダラーツリー」）」は、缶詰など、よく名を見る知られたメーカー品も安く買えるので、人気があります。こちらもマンハッタンの中心街にはなく、北部と東部に1軒ずつあり、他にはブロンクス、クイーンズ、ブルックリンにあります。35年間ずっと1ドル均一でしたが、２０２１年11月に、１・２５ドルに価格変更することを発表しました。※
また、個人経営のディスカウントストアもたくさんあります。ただチェーン店のように、よく見るメーカー品の品揃えは充実していません。

約30年前、私がニューヨークに来た頃は、ダラーストアの商品の値段は99セントがメインでした。ところが、今では99セントで買えるものはなくなってしまいました。1ドル99セントや2ドル99セントというように、最後に99が付いていて昔の名残を感じさせます。
ダラーストアで扱っている商品は、洗濯用・食器用洗剤、缶詰類、瓶詰類、お菓子、パスタ、ラップ、プラスティックの食器、ギフト用のバッグやリボン、さまざまなシーンに合わせたバルーン、パーティー用のコップや皿、文房具、裁縫道具、毛糸、ベビー用品、サンダル、靴下、下着など。さまざまな食品や生活雑貨を扱っていて、店内は壁から天井まで商品がびっしりと隙間なく陳列されています。

ニューヨークに来た当初、学生で収入がなかった私は、できるだけ出費を抑える生活を心がけていました。やがて、ニューヨークで暮らすたくましい先輩たちに、ダラーストアとの上手な付き合い方を教えてもらい、心に余裕が生まれたことを覚えています。「気軽に生活用品一式が手に入る店」として、よく利用するようになりました。

例えばシャワーカーテン。30ドル、40ドル、それ以上の価格の装飾が美しい商品もありますが、2ドル99セントの無地のシャワーカーテンでも、十分機能を果たしてくれます。それに、ダラーストアにある無地の真っ白なシャワーカーテンは、おしゃれに見せることもできます。ダラーストアは物価の高いニューヨークに住む人たちが、誰でも「それなり」の生活を楽しむための頼もしい助っ人です。今でも私は、文房具やギフト用のリボンなど、細々したものを買うのにお世話になっています。

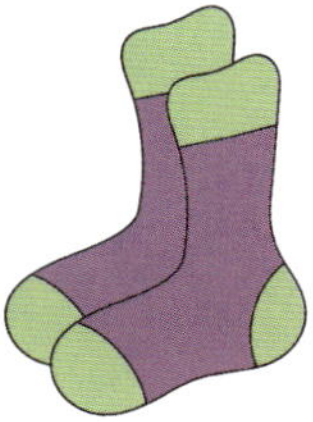

※ ダラーストアのチェーン店の価格変更発表
https://www.cbsnews.com/news/dollar-tree-prices-125/

# 出会いを広げるマッチングアプリ

## DATING APP

私は仕事で10～70代までさまざまな年齢の方に関わります。私の知る限り50代以上で独身の人の多くは、パートナーがいないことを嘆き、マッチングアプリを使って精力的にパートナー探しをしています。

つい先日も、60代前半の女性が「今からマッチングアプリで知り合った男性に初めて会うの」と、うれしそうに話してくれました。彼女はニューヨークで起業し、バリバリと仕事をこなしてきたのに、長くパートナーがいない自分に自信が持てないと言います。

また、他にも、知り合いの70代前半の女性は、ほぼ毎週のようにマッチングアプリで知り合ったさまざまな男性と食事に出かけているとのこと。いつか運命の王子様が必ず現れると確信しているようです。マッチングアプリを使いこなしデートを重ねる、そのエネルギーと根気強さに私は拍手とエールを送っています。

出会いを求める人に人気のマッチングアプリ。年代別の使用状況の調査によると※、アメリカの成人10人のうち3人は、マッチングアプリの利用経験者だそうです。18～29歳では53％以上、30～49歳では37％、

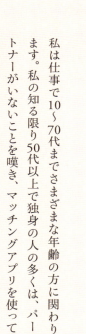

50～64歳では20%、65歳以上では13%の人が利用したことがあるようです。

また、30歳以下にダントツで人気なのが「ティンダー（Tinder）」。特にゲイコミュニティの人たちに受け入れられているようです。結婚の目的で利用する人たちとほぼ同じくらい、結婚を前提としないカジュアルな付き合いを望んでいる人たちもいるのかもしれません。

ただし、コンピューターが分析してパートナー候補者たちを引き合わすことに対して、ポジティブな考えを持っている人たちは意外と少なく、21%という結果。あまり期待はせず、全く出会いがないよりもマシという考えなのかもしれません。

独身でパートナーを探している人は、45%がマッチングアプリを利用しており、男女比は男性が50%で、女性が37%でした。

私見ですが、男性のほうがパートナー選びにやや必死な印象です。というのも、年齢詐称をする男性もいるそうで、出会って数回後に運転免許証を取り出して謝る男性がいたという話を聞いたからです。

使用に気を付けるべき点もありますが、それでも出会うチャンスを広げてくれるマッチングアプリ。ニューヨークではたくさんの素敵な大人もアプリを活用し、パートナー探しに今日も真剣に取り組んでいます。

※ 米国のオンラインデート事情
https://www.pewresearch.org/short-reads/2023/02/02/key-findings-about-online-dating-in-the-u-s/

# 困っている人をすぐ助ける習慣

## OUTREACH

May I help you?

25年前、人生で初めて骨折を経験しました。左足首の剥離骨折で、両手で松葉杖を使うことを強いられました。当時、私はマンハッタンの北側の地区（ブロンクス）からロングアイランド地区の職場まで通っていました。バス、地下鉄、長距離列車を使い、通勤時間は2時間近く。両手は松葉杖でふさがり、重たいバックパックを背負っていました。このとき、毎日のように感動する瞬間に遭遇しました。それはもう、「松葉杖を使うと、お姫様になれるのか」と錯覚するほどです。

当時、利用していた長距離バスは、乗降の際に車体の位置が低くなるニーリングサービスがありませんでした。でも必ず、たくさんの人から、「May I help you？」（「何か手伝う？」）「Would you like me to hold your bag?」（「荷物持ってあげようか？」）「Please go ahead. After you.」（「どうぞ、先に乗っていいよ」）という言葉をかけてもらったのです。おかげで、長距離の通勤も快適で安心だったことを強く覚えています。

Thank You!
Would You like me to hold Your bag?

ニューヨークでは、困っている人や助けが必要な人に対して優しくする文化が根付いています。ドアを開けたら、後ろから来る人のために支えて待ってあげる。飛行機の中では、重たい荷物を代わりに棚から下ろしてあげる。いつも、どこからかサッと助けの手が出てくるのです。「この荷物、降ろしてもらえませんか」などとお願いしたとき、却下されることはまずありません。

先日も、視覚障害のある女性が横断歩道で信号待ちをしていました。青になっても渡ろうとしない女性に、別の若い女性が駆け寄り、一緒に付き添う姿を目にしました。視覚障害のあるカップルが、若い男性の腕を取って横断歩道を渡る姿を見たこともあります。

日本人も、概して親切だと言えると思います。でも、とっさに手を差し伸べるニューヨーカーとは、少し違うようです。おそらく「ウチとソト」といった境界線や垣根の意識が強く、同じ日本人同士であっても、照れや警戒心が働くのでしょう。とっさに知らない人にも優しくするのには、時間がかかるのかもしれません。でもニューヨークにいると、日々、見知らぬ誰かに優しい人たちをあちこちで見かけます。心がほっこり温まる瞬間です。

# 癒やしのフラワーディストリクト

## FLOWER DISTRICT

マンハッタンの28丁目の6番街から7番街にかけて、小さな花屋が並んでいます。ここは「フラワーディストリクト」。もともと34丁目のイーストサイド界隈で花の売買をしていた人たちが、1890年代、より高級な客層を求めてこの地域に集まってきました。ニューヨークの小売の花屋は朝早くから開店するので、早朝は卸の客でにぎわいます。

新鮮な生花、鉢植えの植木、南国のさまざまな葉っぱ、シルクフラワー……通りの両側に、美しい花や花器の専門店がある区画です。

私は前職のケーキ屋に勤め始めてから、店舗に新鮮な生花を飾るため、毎週フラワーディストリクトに通うようになりました。以前から興味はあったものの、ここの花屋は朝5時にはオープンし、午後1時頃にはクローズすると聞いていたため、なかなか行く機会がなかったのです。やがて時間が許すときは、わざわざ遠回りしてもこの界隈を歩くようになりました。

特に私が通っていた花屋は、毎週水曜日と土曜日に、ヨーロッパや日

Dried
&
Preserved
CUTS

本から新鮮な切り花を入荷していました。花の甘い香りに包まれながら店内を歩いていると、まるでフラワーバスに浸かっているかのような幸せな気分に。「今日はどんなお花が入荷しているかな」と眺めているだけで、花々からエネルギーをもらえました。そして、来るたびに、小さい頃に「お花屋さんになりたい！」という夢を持っていたことを思い出しました。

マンハッタンのホテルのロビーやレストランには、よく立派な生花のフラワーアレンジメントが飾られていて、見る人の心を和ませ、癒やしてくれます。でも、フラワーディストリクトに行けば、さらに新鮮な花の香りとともに、よい「気」をたくさんもらえるのです。

私は特に、雨に濡れた後のフラワーディストリクトが好きです。生花や緑の木々からの香りをよりいっそう楽しむことができるからです。ここは、忙しいニューヨークの中で私の心のオアシスになりました。

# ニューヨーカーの朝食に欠かせないベーグル

## BAGEL

おいしいベーグル。それはニューヨーカーの朝食の定番です。ベーグルの起源には、いくつか説があるようです。例えば、14世紀にポーランドのユダヤ人の間で、穴の空いたリング型のパンを食べていたとされる説。他にも、17世紀にオスマントルコ軍からウィーンを守った、馬好きだったポーランドの王ヤン・ソビエスキの功績をたたえて、ウィーンのユダヤ人パン職人があぶみ型のパンを王に献上したことが始まりだという説などです（ただし、この王の誕生はこの史実よりも19年後のことだそう）。諸説あるものの、どれも現在のポーランドが起源のようです。[※1]

19世紀に入ると、政変のため多くのユダヤ人がアメリカに移住を始めました。このユダヤ人とともにベーグルもアメリカにやってきたのでしょう。

ニューヨーク市では、マンハッタンに71店、ブルックリンには54店、市内全域では、１７９店舗ものベーグルショップがあります。[※2] 人気店には、店の外まで長い行列ができます。

おいしいベーグルは、表面がツヤツヤ、底の部分がカリカリ、中はもちもちの生地が詰まっていて、食べ応えがあります。生地を焼く前に、リング状の生地をゆでるのが正統派ベーグルの製法です。日本の食パンやフランスパンの食感とは全く違います。

以前、職場でみんなのお母さん的存在だった社員がよく、朝食用にできたてのベーグルを買ってきてくれました。大きな袋の中には、いつも13個のベーグルが。これは、「ベーカーズダズン」といって、12個買うとお店が1個おまけしてくれる風習でした。プレーン、シナモンレーズン、セサミ、オニオン、ポピーシード、ホールウィート、パンパーニッケル……。みんな、フレーバーの好みもさまざまですが、ベーグルを水平にスライスした上側が好きなど、食べ方の好みもさまざま。ダイエット中の女性は、中身をくり抜いて食べていました。

私は、できたての温かいベーグルを軽くトーストして、バターとジャム、クリームチーズをたっぷり塗ったり、スモークサーモンとクリームチーズを挟んで食べたりしていました。もちろん、スモークサーモンの味も厳しく吟味します。

その職場にいたのはイタリア系、ロシア系、ヒスパニック系と日本人の私。ユダヤ人は1人もいませんでしたが、今もどんな人にも愛されているのが、ニューヨークのベーグルです。

※1 ベーグルの歴史
“The Bagel:The Surprising History of a Modest Bread” (Maria Balinska, 2008, Yale University Press)
※2 ベーグルショップの店舗数
http://A816-health.nyc.gov/ABCEatsRestaurants/#!/Search

# 変わりゆくドラッグストア事情

DRUGSTORE

昔から、ドラッグストアであれこれ商品を見るのが好きだったのですが、最近は鍵付きの商品棚が増え、並ぶ商品もまばらなことが多くなりました。

鍵付きの商品棚は、呼び鈴で店員を呼ぶ必要があります。店員が来ると、商品を手にあれこれ迷う時間もありません。

ニューヨークでは、コロナ禍以降、小売店やチェーン系の大型ドラッグストアの閉店が相次ぎました。もともとマンハッタンではドラッグストアが乱立状態だったことも原因かもしれません。万引きも増え、セキュリティーガードが入口に立つ店も。オンラインショッピングの台頭で店舗の人員が減り、万引きされやすい環境ができたのかもしれません。

コロナ禍を境に変わったドラッグストア事情。いつでも気軽に寄れる日本のコンビニエンスストアを、ちょっぴり懐かしく思い出すのでした。

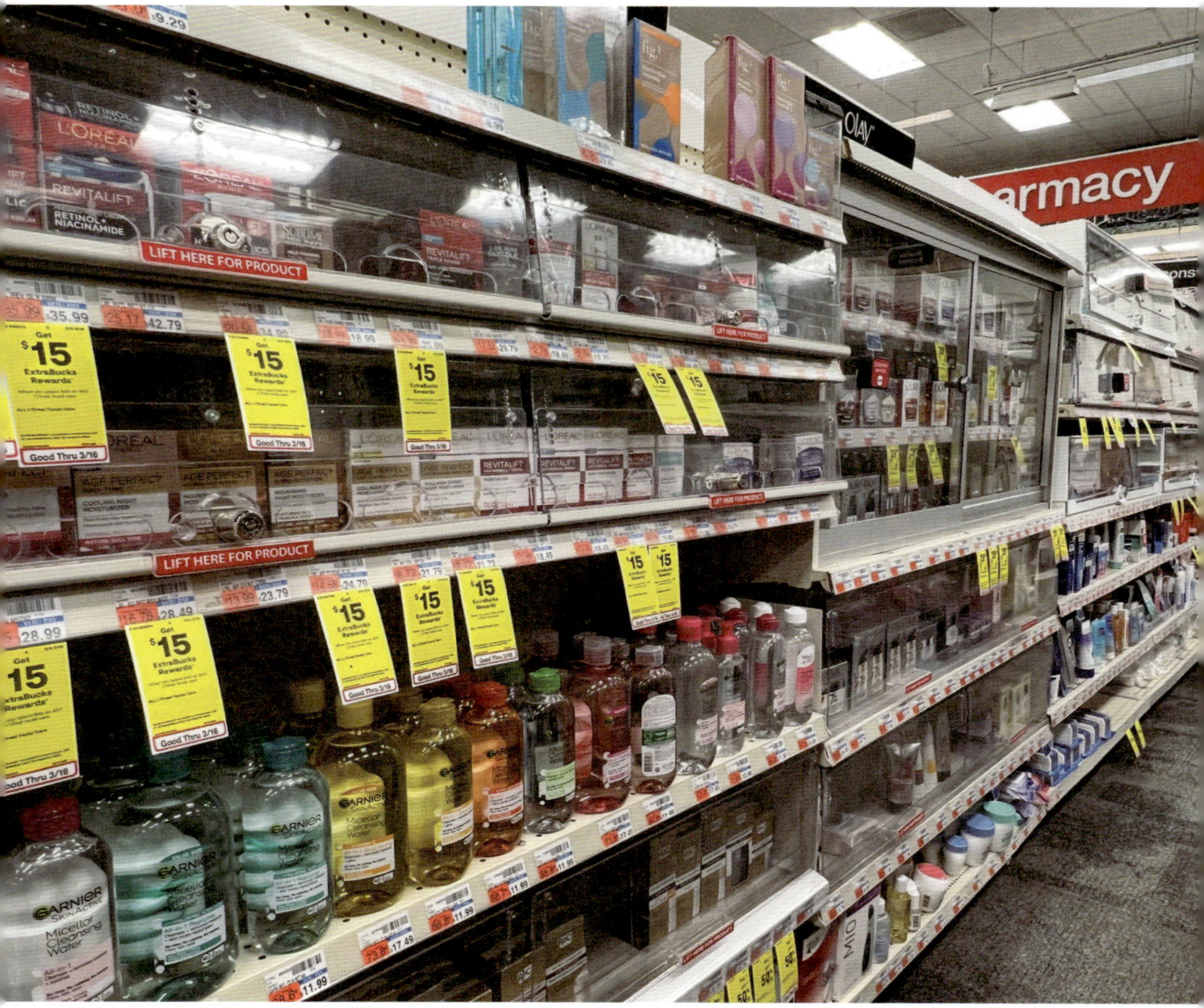

L'OREAL
REVITALIFT
RETINOL + NIACINAMIDE
LIFT HERE FOR PRODUCT
OLAY
armacy
AGE PERFECT
COOLING NIGHT MOISTURIZER
Get $15 ExtraBucks Rewards
Good Thru 3/16
LIFT HERE FOR PRODUCT
GARNIER SkinActive Micellar Cleansing Water

# マンハッタンで楽しむ蛍の舞

FIREFLY

今から25年ほど前、私はマンハッタンから電車で1時間ほどのロングアイランドの田舎町に住んでいました。マンハッタンの東側に位置する東西に細長い島です。そのあたりでは、6月末頃の黄昏時、道路脇の民家の庭先の芝生に蛍が出てきます。最初は目を疑いました。かなり田舎にいるからだろうと思っていました。ところが、大都会マンハッタンに引っ越してきたら、もっとたくさんの蛍に遭遇したのです。

実は、マンハッタンのど真ん中のセントラルパークでも、西側のハドソン川沿いのリバーサイドパークでも、蛍を観賞することができます。6月中旬から8月初めまでの約2か月、黄緑色の小さな光が草や低木の茂みなどからふわりと出てきては、空中を浮遊します。お尻を発光させながらそれぞれの蛍の舞が続き、暗くなるに従ってだんだんと数が増え、やがて真っ暗になると蛍の舞も次第に収まってゆきます。

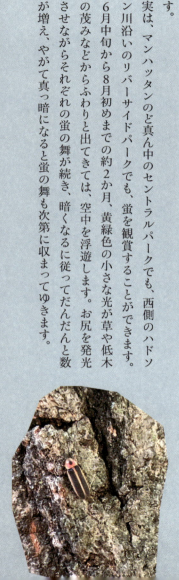

子どもたちだけが、蛍を追いかけて捕まえようとします。蛍を見慣れた大人たちは「Oh, those are just lightning bugs (Firefly)(「ああ、ただの光る虫ね」)」と、横目で通り過ぎます。その場に立ち止まってじっと蛍を眺めている大人は、私くらいかもしれません。

私が日本で最後に蛍を見たのはまだ10代の頃、東京のホテルで行われたイベントで、養殖の蛍でした。それがまさかニューヨークで蛍の観賞ができるなんて!と喜びました。

ただ、蛍の光に「はかなさ」を見出すのは、日本人だからなのかもしれません。日本では童謡があるほど親しまれている蛍も、ここではただの「光る虫」なのです。

そんな蛍観賞の時間帯は、蚊が大量に出没する時間帯でもあります。そこでロングパンツにロングスリーブの薄手のパーカーをはおり、その上から虫除けを全身にスプレーするという完全防備で、毎年、蛍に会いに出かけています。

# 信号を待ちきれず渡る「ジェイウォーク」

## JAYWALK

よいことではありませんが、ここニューヨークで、歩行者の信号無視はよく見かける光景です。車が来なければ、歩行者用信号が赤でも人々は横断歩道を渡ります。横断歩道のない車道を斜めに渡る人もいます。

ニューヨークではお馴染みになってしまっているこのような行為を総称して「ジェイウォーク（Jaywalk）」と呼びます。直訳すると、「カケスの斜め歩き」。ジェイ（Jay）はカラスの仲間のカケスのことで、無謀な行為などに対する比喩としても使われているスラングのようです。

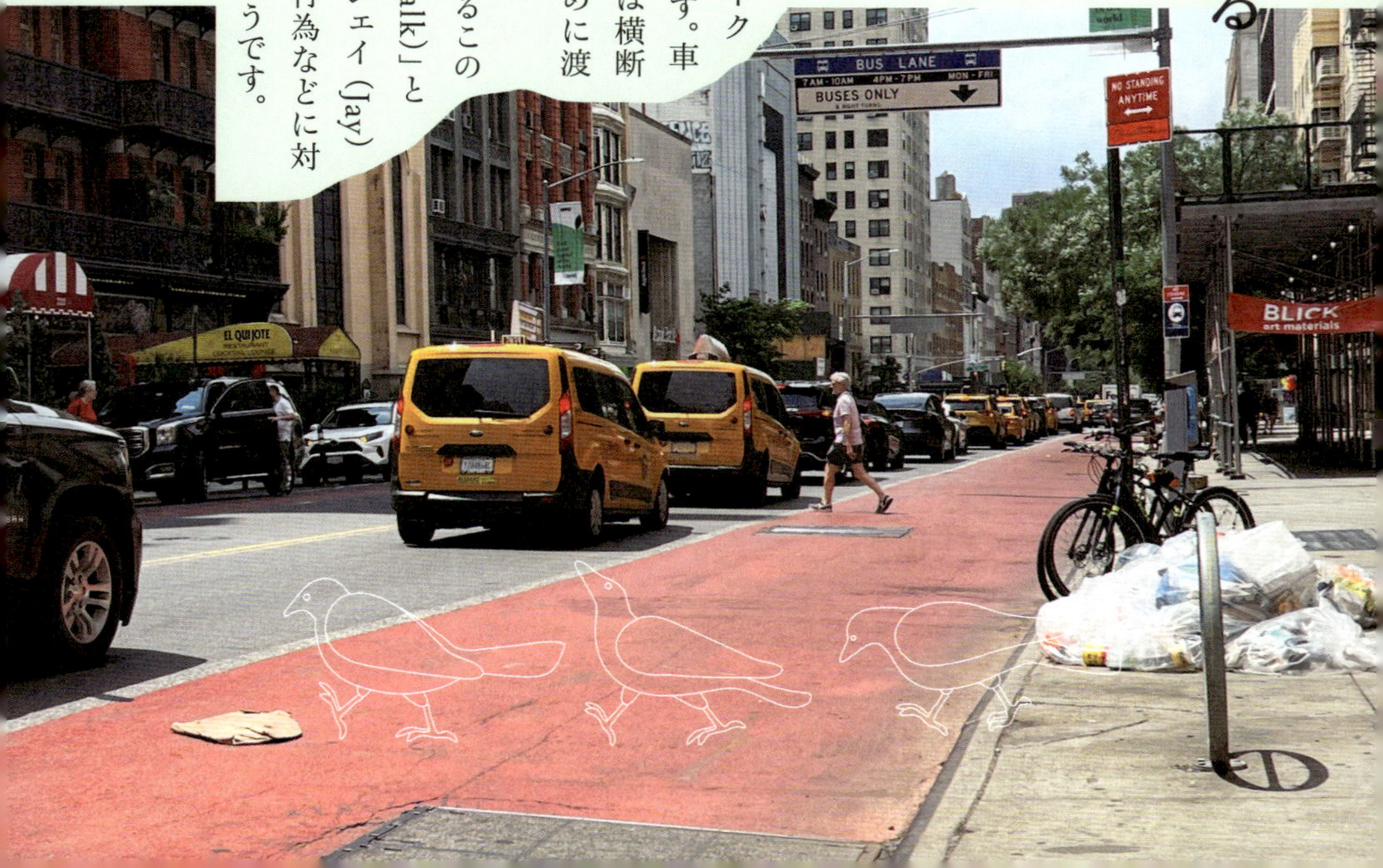

小さい子どもを連れた親やベビーシッターは、じっと待っていることが多いのですが、基本的に、老若男女を問わず、車が来ていないのに横断歩道の前でじっと立っている人はいません。ニューヨークに来てから、私はこの習慣にすぐに慣れてしまいました。日本に里帰りした際、数歩で渡れそうな狭い路地の横断歩道で、車が来なくても信号を無視せずに待っている日本人の姿を見て、国民性の違いを改めて感じました。

ニューヨークでは、すべてにおいて無駄を削ぎ落としたとも言える新しいルールができ上がってしまったかのようです。※ジェイウォークに驚かず、信号待ちでイライラし始めたらニューヨーカーになった証なのかもしれません。でも、やっぱりよいことではありませんけどね。

※　ニューヨーク市では人種や経歴に基づく不平等の解消を狙いにジェイウォークが合法化し、2025年2月より施行となりました。
https://www.cbsnews.com/newyork/news/jaywalking-legalized-in-nyc/#

# マイボトルとお出かけ

## MY BOTTLE

ニューヨークでは路上に置かれた自動販売機にお目にかかることはありません。いたずらの標的になるからです（アメリカでも、屋内では空港やホテル、オフィスなどに自動販売機はあります）。

日本は、電車の駅やホーム、街中の至るところに自動販売機があり、さらにコンビニエンスストアも多く、外出の際に飲み物の心配をすることはあまりないかもしれません。

一方、ニューヨークでは、お気に入りのマイボトルを携帯することが普通です。大小さまざま、いろいろなボトルを用途に応じて持ち歩くことを楽しんでいるようです。街でも、バックパックのポケット部分にマイボトルを入れて歩く人をよく見かけます。

ちなみに、水へのこだわりも強い人が多いようです。自宅に買い置きしてあるお好みの銘柄の水を持って出かける人は多く、スーパーにも、いつも豊富な種類の水が並んでいます。

同じ「水」といっても、世界各地からの硬水や軟水、またフレーバーあり、なしの炭酸水まで、選り取り見取り。私は味のない炭酸水が好きなので、ついに自宅で炭酸水を作るマシンを購入しました。その日の用途や気分に合わせて、水、白湯、生姜湯以外に、炭酸水を持ち歩いています。

ニューヨークに来た最初の頃は、そんなふうに飲み物のことを考えて外出することが面倒でした。でも、日本のように「ちょっとドリンクを買おう」ということが簡単にできない場合が多く、今ではすっかりマイボトルを持ち歩くことに慣れてしまいました。

近所の友達の家に6人で集まったときも、全員がマイボトルを持っていました。レモンを搾って果汁を入れたレモン水を持ち歩く友達も、やはり「ニューヨーカーだからね、マイボトルは当たり前だよね！」とのこと。今では自然に、外出前に「今日は何のドリンクにしよう」と自分に問いかけています。

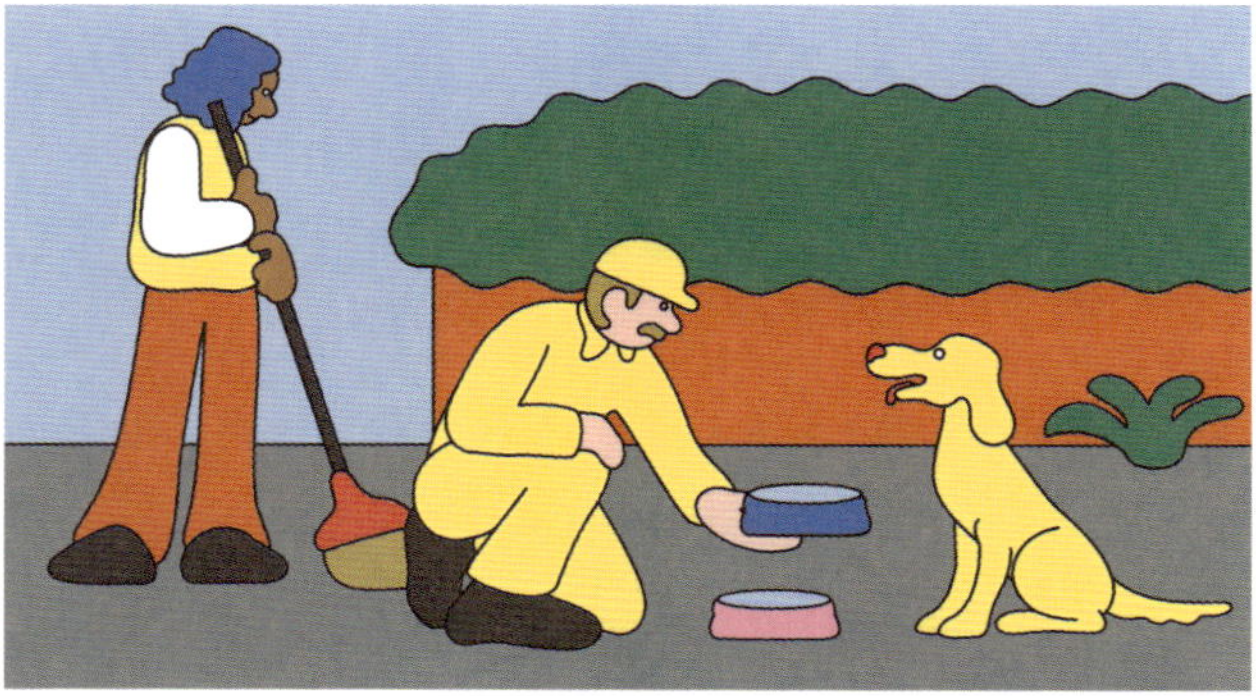

N.Y. LIFESTYLE 16

# 老若男女、みんな励むボランティア活動

VOLUNTEER

自分にできることをして、助けを必要とする誰かに手を差し伸べる。そんなボランティア活動は、ニューヨークでも盛んです。

人々は積極的に参加して、コミュニティと関わります。ホームレスシェルター用のキッチンスタッフとして食事を届ける、アニマルシェルターで動物の世話をする、公園の植木の管理をする、図書館で受付を手伝う……。

ニューヨーク市では、「メンター」といって、人生の先輩として、自分より若い人たちの人生指南をしたり、子どもにチェスを教えたりするボランティアスタッフの募集もしています。また、10代の人にも社会の仕組みを知ってもらうためのボランティア活動を提供しています。※

私の周りでは、犬や猫好きの人、ペットが飼えない状況の人、最期の看取りはつらいけど一緒の時間を過ごしたい人などが、アニマルシェルターで犬の散歩や猫の世話をしています。

大人だけではありません。地域のボランティア活動に子どもたちも積

極的に関わる機会が設けられています。大人と一緒に道路脇のゴミ拾いや清掃をすることも。

また、高校生になると、学期ごとに「20時間の奉仕活動に従事すること」がカリキュラムに組まれている学校もあるようです。こんなふうに、いろいろな人がボランティア活動を楽しんでやっています。

そんなボランティアの経験は自己アピールにも使えます。日本と違って、履歴書にボランティア活動について書くのは当たり前であることを、私はニューヨークの学校で教わりました。就職の面接試験のとき、話が膨らんでいくことがあります。「この人はこんなボランティア活動をしている、こんな人柄なのか、こういう一面もあるのか」と、自分をもっと知ってもらうきっかけになりやすいのです。

私の前職はケーキ屋です。未経験ながら食の世界のマネジメントに従事したくて、どうしたらその世界に入ることができるか、考えました。まず調理学校の説明会に足を運びましたが、授業料が予想以上に高く、当時の経済状況から断念しました。でも、諦められませんでした。ちょうどその頃、通っていたヨガ教室でスタッフ用の食事を作るボランティアの存在を知り、希望を出してみました。食の世界に就職する際、有利になると思ったからです。結果、喜んで迎えてもらい、週に2～3回、スタッフの夕食作りを担当しました。

食事の準備は、まるでゲームをしている感覚でした。冷蔵庫を開け、当日ある限られた材料の中からヴィーガン向けの献立を考え、野菜の煮込みや炒め料理、サラダ、スープなどの8人分を1時間ほどで作り上げるのです。食事の準備が整う頃にはへとへとでしたが、今日も無事にやり終えたという充実感で心が満たされました。

それから半年以上経った頃、意中のケーキ屋が面接をしてくれることに。めでたく合格しました。ただし、実際に私のボランティア活動の経験が合否に影響したかはわかりません。なぜなら、面接中にその話題に触れられることはなかったからです。でも私はこのボランティア活動の経験のおかげで、面接に自信を持って臨むことができたのでした。

ニューヨークでは、そんなふうに、いろいろな人がボランティア活動を楽しみ、ときに就職にも活かしているのです。

※ ニューヨーク市のボランティアの機会を提供しているサイト
https://www.nycservice.org

INVICTUS

# 食べきれない食事は遠慮なく「お持ち帰り」

## DOGGIE BAG

マンハッタンの東側に位置するクイーンズは、多くの国の食に出合える楽しい地域です。地下鉄7番線の終点フラッシング駅には、チャイナタウンやアジア系のレストランがひしめき合っていますが、途中駅にもさまざまな国のレストランがあって、異国情緒たっぷりの食事を楽しむことができます。インド、メキシコ、エクアドル、フィリピン、タイ、ギリシャ……まるで小旅行をしている気分です。

先日、地下鉄7番線の途中の駅で、日本人の友人とランチをしました。フィリピン料理のレストランに入店すると、店内はフィリピン語でにぎわい、厨房では50～60代の女性が1人で、元気に切り盛りしていました。

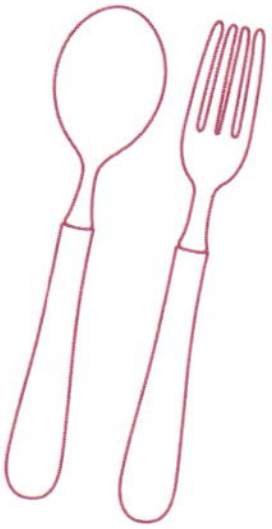

店内に写真付きの英語のメニューはあったものの、初めてのフィリピン料理に味の想像ができない私たち。周りのテーブルを観察し、店員に「おすすめは?」「隣のテーブルの人のメニューはどれ?」と質問を繰り返し、ようやく3品を注文しました。

そうこうするうちに、隣の女性2人組には、スープの中にうどんのような太さの麺と野菜がたっぷり盛られた特大どんぶりと、さらに特大の肉まんらしきものが2つ運ばれてきました。大盛りのさらに1.5倍の量がありそうな光景に、驚きました。

実はカジュアルなアメリカンレストランでは、料理の量が多い傾向にあります。希望すれば、当然のようにテイクアウト用の容器やカトラリー類、ビニール袋も提供されます。

このお店でも、隣のテーブルに店員がテイクアウトの容器を持ってきました。このようなお店では、店員が持ち帰りをするかどうかを尋ねてくれるので、遠慮せずにお願いします。

あれこれ試してみたくなる異国情緒あふれる料理。たっぷり盛られて、お腹を満たせてありがたい一方で、量を選べたら、食べ物を無駄にすることも、その後ジムに通う必要もないのに……と、いつも思ってしまいます。

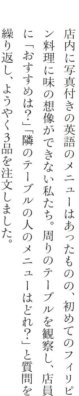

# ゲイコミュニティに安心な街

## ANONYMOUS

ゲイ（LGBTQ＋、以降は当時の総称にちなんで「ゲイ」とのみ表記）コミュニティにとって大きな歴史的事件が、かつてマンハッタンでありました。1969年6月28日未明、ウエストヴィレッジにあるバーの「ストーンウォール・イン（Stonewall Inn、略称ストーンウォール）」で起こった「ストーンウォールの反乱（The Stonewall Uprising またはThe Stonewall Riot）」です。

この日、ゲイコミュニティをサポートしていたジュディ・ガーランド（1922〜1969）の葬儀が、近くの教会で行われていました。ジュディは『オズの魔法使い』（1939）で主役のドロシーを務めた俳優で、ゲイコミュニティにとってはアイコン的存在でした。映画界という大胆で華やかなパフォーマンスの世界が持つ強さと、その裏にあるもろさ。彼女は同じものをゲイコミュニティに感じていたのかもしれません。

ジュディの葬儀の夜、ストーンウォールでゲイの人たちが集まっていたところに、警察が強制捜査に入りました。やがて1人の女性が周りを扇動し、みんなで警官に抵抗するように呼びかけ、怪我人も出る大きな暴動になりまし

ONE WAY
HOKA
bluarch
bluarch
bluarch
E'senberg's Sandwich

DIO
NEW YORK CITY
THE PLAYGROUND OF THE GODS
PRIDE 2024
PRIDE 2024
BANK OF AMERICA

た。当時、ゲイバーは違法営業でした。特に、女性が男装、男性が女装をして警察に捕まった場合、名前が新聞に載り、仕事や家族、家を失う事態になってしまったそうです。ゲイの人たちの生活や将来は、常に危険にさらされていた時代でした。

翌1970年同日に、前年の出来事に心を寄せて改革を求める人たちがストーンウォール・インのある通りの名前にちなんで「Christopher Street Gay Liberation Day」という行進をニューヨーク市で行いました。それ以来、このパレードは「ゲイ・プライド・パレード」（ゲイであることを誇りに思うパレード）から他の都市にも波及し、現在では「NYCプライド・マーチ」と呼ばれています。

私のゲイの友人は「歴史的に大きな事件があったことで、ニューヨークは他の都市に比べて、安心して生活できる」と言います。彼は、フロリダ州マイアミ市に住んでいた頃、パートナーと一緒にマットレスを買いに行ったとき、店員に「男性2人がこのマットレスで一緒に寝るのは、だいぶ窮屈かもしれませんよ」と嫌味っぽく言われたそうです。今、彼は「ニューヨークにいると一番安心する」そう。

パートナーと手をつないで歩いても、道端でキスをしても、二度見されることがなく、さまざまな考え方を受け入れてくれる街。ゲイコミュニティが闘い続けた末に手に入れた、みんなが「違っていて普通」「違っていても大丈夫」ということを理解し合える安心な毎日が、ここニューヨークにはあります。

VILLAGE
CIGARS
Christopher Street -
Stonewall Station
Downtown
1

# タイムズスクエアのど真ん中で行う「夏至ヨガ」

YOGA

世界中で最も忙しない場所で、心を静寂に保ち、ヨガをする。そんなイベントがニューヨークにはあります。タイムズスクエアで夏至に開催される無料のヨガイベントで、通称「夏至ヨガ」と呼ばれ、20年以上も続いています。始まりは2003年6月21日の夏至。3人のヨギ（ヨガをする人）がこの日、日の出とともにタイムズスクエアでヨガを始めました。そのうちの2人がこのイベントを立ち上げ、今日に至っています。※1

2024年には、延べ1万人ほどがこのイベントに参加しました。※2 場所は、ブロードウェイと7番街に囲まれた44丁目から48丁目のエリアです。イベントはヨガ経験の有無にかかわらず誰でも参加可能で、申し込みは事前にオンラインで行い、1人1クラスのみ登録できます。

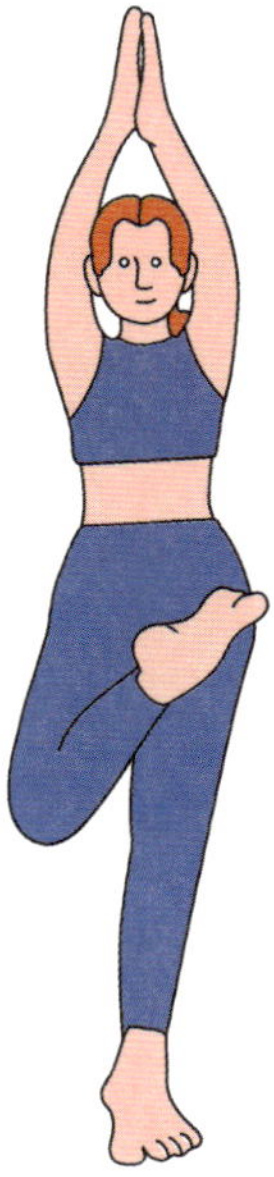

※1 夏至ヨガに関する情報
https://www.timessquarenyc.org/things-to-do/solstice
※2 2024年の参加人数、延べ1万人
https://www.thehindubusinessline.com/news/variety/international-day-of-yoga-nycs-times-square-transforms-into-yoga-haven/article68315173.ece

PEABODY AWARD
BROADWAY
FOREVER
BET AWARDS 2024
H&M
MARRIOTT MARQUIS
Levi's

最初のクラスは朝7時半から始まり、最終クラスは夜7時半からスタートします。全部で7人のインストラクターが1時間ずつクラスを担当します。

ただし、ここはタイムズスクエアのど真ん中。もちろん、室内のヨガ教室のような静寂な環境はありません。周囲を歩く人々の声、絶えることのない車の音、意外と大きいビルの空調の音、遠くからも聞こえてくる工事の音。そんな中で、自分の心の中に静寂さを保ち、ヨガをして、1年で一番長い日を、ヨギたちと祝う。そんな試みをやり終えた後は、いつものヨガ以上に自分の心の中から「充実感（サンスクリット語santosa）」が滲み出てくるでしょう。

2014年には、「インターナショナル・デイ・オブ・ヨガ（「国際ヨガの日」）」も制定され、2015年の夏至からは、ニューヨークにある国連ビルの敷地内の芝生でもヨガのイベントが開催されています。

ニューヨークでは、ヨガは大人気。街中でヨガマットを持ち歩く人や、ヨガウエアでそのまま移動している人をよく見かけます。

ニューヨークに来てから、ローラースケート（p14）以外、特にこれといった運動もしていなかった私も、その後、ヨガに助けられました。というのもケーキ屋に勤める以前、保険会社で自動車事故のアジャスター（事故を調査する職種）として、カスタマーサービスでの電話対応と書類処理に毎日追われていました。電話の向こうから、不満を抱

えたお客様に怒鳴られ、泣かれる日々。ストレスで背中も肩もガチガチに硬くなって、1か月に一度は、風邪で寝込む生活でした。

そんなとき、職場の先輩がヨガをすすめてくれました。「肩を広げて思いっきり息を吸うと、リラックスできるようになって健康になるよ」。その言葉に興味を持ち、ハタヨガ教室に通い始めました。

ゆったりとした動きとリラックスの時間も多いハタヨガでは、胸を大きく開くポーズ、のどに意識を集中させ甲状腺を刺激するポーズ、上半身をひねるポーズが気に入りました。そうして続けるうちに、次第に風邪をひかない身体になっていったのです。

特に、私の体とハタヨガは相性がよかったようで、やがて、「ノーヨガ、ノーライフ」と言えるほどのめり込みました。理論も含め、もっとヨガを勉強したくなり、ヨガインストラクターの資格を取得し、今では教える側にもなりました。

多くのニューヨーカーが、ヨガを通してストレスと向き合い、溜まったら上手に手放しているようです。

# 暮らしに溶け込むセントラルパーク

## CENTRAL PARK

1853年、ニューヨーク州が、激増する傾向にあったニューヨーク市民に緑と安らぎの空間を提供するため、公園の設立を計画し、1858年に公園の建設が始まりました。これが、現在、マンハッタンの中心部にあるセントラルパークです。北はセントラルパークノース（110丁目）から南はセントラルパークサウス（59丁目）、東は5番街から西はセントラルパークウエストまで、広大な面積をほこる公園です。

さまざまな見どころがあり、レクリエーションが楽しめるため、年間約4200万人が訪れます。世界中からの観光客だけでなく、もちろんニューヨーカーの日々の暮らしにも溶け込んでいます。

そんな、ニューヨークで多くの人に愛されているセントラルパークの魅力を紹介します。

West 103

## The Ravine / The Loch

### 渓谷/湖

川が流れる渓谷。都会の真ん中にいるとは思えないほど静か。森林浴に絶好の場所。バードウォッチングに訪れる人も。

West 79

## Belvedere Castle

### ベルベデール城

セントラルパーク内で2番目に高い場所にある小さなお城。イタリア語で「美しい眺め」という意味。中に入って上に登ると、周囲の景色が一望できる。毎日午前10時～午後5時に開城（サンクスギビング・デー、クリスマス、新年は閉城）。

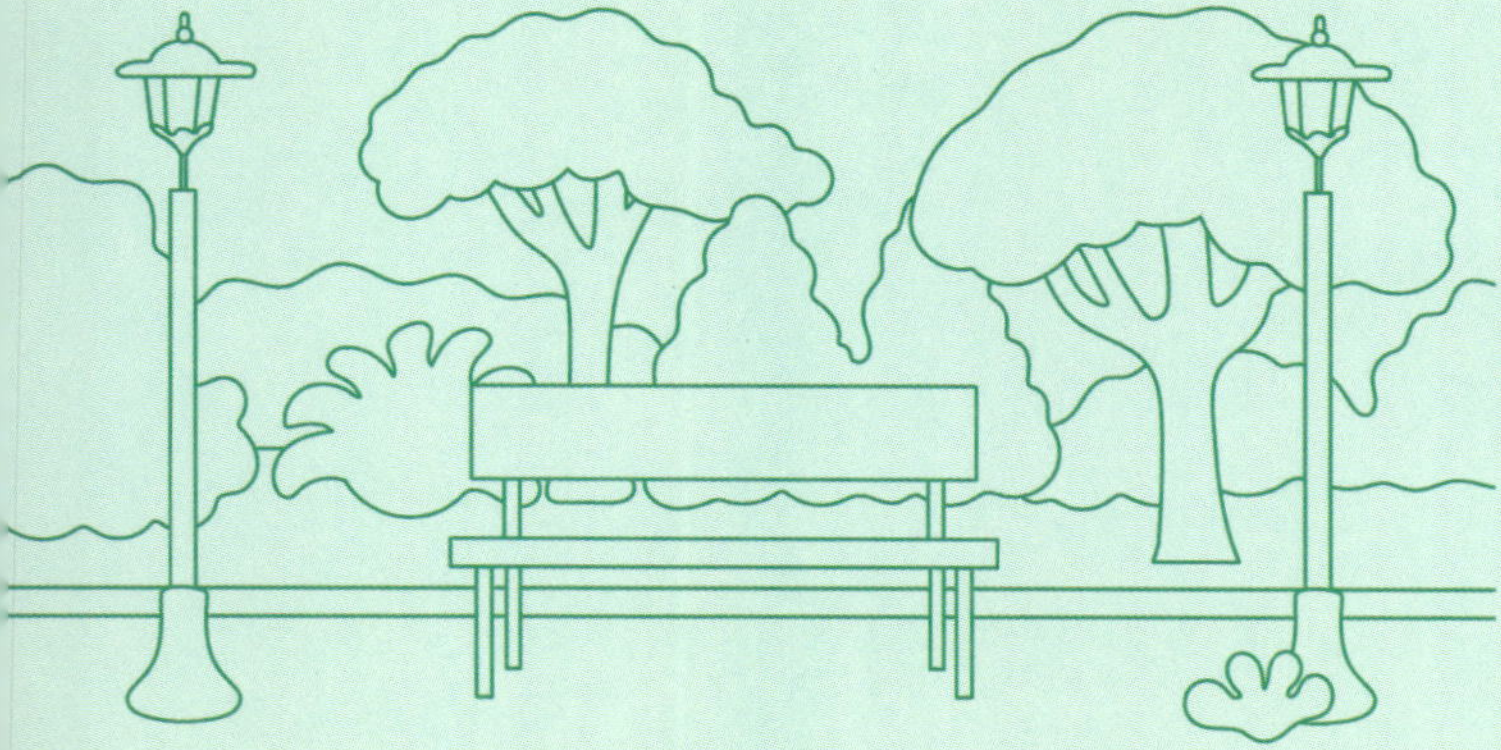

見どころ

開園時間：午前6時～翌午前1時（年中無休）

West 74

## Bow Bridge

ボウブリッジ

セントラルパーク湖の上にかかる美しい橋。春夏秋冬いつの季節も絵になる眺め。

West 72

## Strawberry Fields

ストロベリーフィールズ

ビートルズのジョン・レノン（1940〜1980）が亡くなった後に設けられたスポット。誰かがいつも、ビートルズの曲を演奏している。

East 105

## Conservatory Garden

コンサーバトリーガーデン

開園は午前8時。ただし、閉園は日没頃。季節により異なるため注意が必要。フランス式、イタリア式、イギリス式の庭園を楽しめる。

East/West 86-96

## The Reservoir
**Jacqueline Kennedy Onassis Reservoir**

**貯水池/ジャックリーン・ケネディ・オナシス貯水池**

周囲が遊歩道で囲まれた貯水池。散歩、ジョギングをする人でにぎわう。水鳥も遊ぶ。

East 81

## Obelisk
**Cleopatra's Needle**

**オベリスク/クレオパトラの針**

約3500年前にエジプトで作られた、ニューヨーク市内で一番古い屋外記念碑。

East 75

## Alice in Wonderland

**不思議の国のアリスの銅像**

子どもも大人も遊びたくなる銅像。ワンダーランドの友達に囲まれたアリスと子猫のダイナが、巨大キノコの上に座っている。

East 72

## Bethesda Terrace / Bethesda Fountain

**ベセスダテラス・ベセスダ噴水**

映画やテレビ番組のシーンにもよく使われる、セントラルパークの象徴的存在。

East 67

## Balto

**バルトの銅像**

アラスカのシベリアンハスキーの功績を讃えて建てられた銅像。1925年1月にジフテリアが大流行した際、仲間と一緒に5日かけてアラスカ州を約1127キロ走り、薬を届けたリーダー犬。1925年12月の除幕式に自らも参加。

できることの例

**ICE SKATING**
アイススケート

**ROLLER SKATING**
ローラースケート

**PICNIC**
ピクニック

**BIRD WATCHING**
バードウォッチング

**FORAGING**
ワイルドマン・スティーブ・ブリルのフォレージング（食糧採取）※

**BEACH VOLLEYBALL**
ビーチバレー

※ ワイルドマン・スティーブ・ブリルのツアーは、3〜12月に行われています。
https://www.wildmanstevebrill.com/tour-calendar

## BOATING
ボート遊び

## CYCLING
サイクリング
（レンタサイクル、
レンタキックボード）

## CAROUSEL
回転木馬に乗る

## ZOO
動物園

## WEDDING
屋外結婚式を
挙げる

## HORSE CARRIAGE & PEDICAB
馬車や三輪サイクルで
公園を巡る

CENTRAL PARK CONSERVANCY SHOP
INFO MAPS TOURS

NEW YORK
CAMP

NEWYORK LIFESTYLE

# PART 2

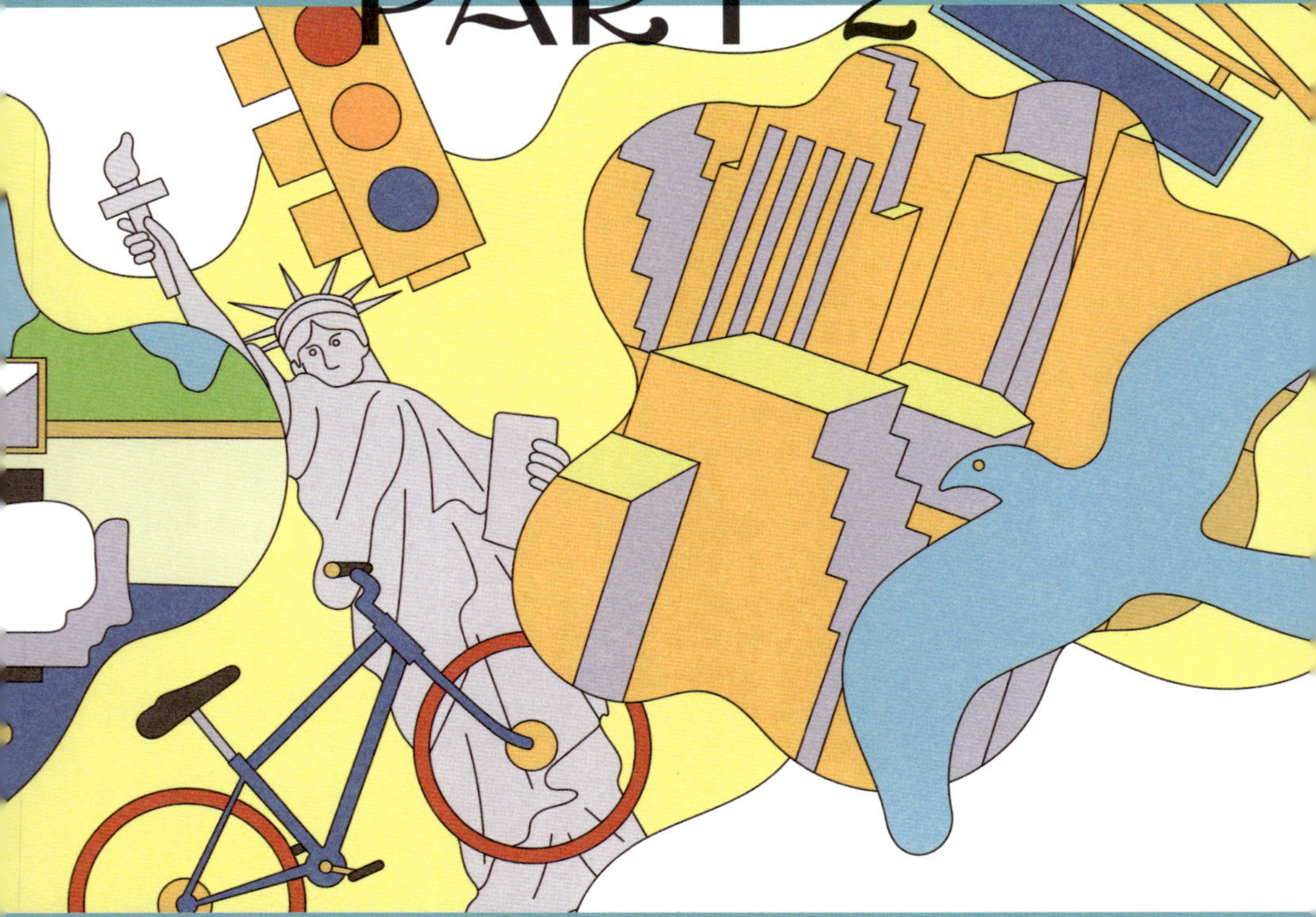

# ニューヨークの基礎知識

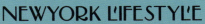

# ESSENTIAL FACTS IN NEW YORK LIFE

# ニューヨークの歴史

世界中からさまざまな人種や文化が集まり、発展しているニューヨーク。どんな歴史をたどってきたのか、簡単に紹介します。※

オランダ人が現在のニューヨークに移り住み、交易の場を築き始めました。オランダ人は、特にビーバーの毛皮に魅了されました。この地域は「ニューアムステルダム」と命名され、のちに「ニューネザーランド」（新しいオランダ）と呼ばれる植民地の基礎となりました。

フランス人に雇われたイタリア人探検家ジョバンニ・ダ・ヴェラザーノが、最初のヨーロッパ人として北アメリカ大西洋沿岸を探検し、ニューヨーク湾に到着しました。彼の名は、スタッテン・アイランドとブルックリンの間にかかるアメリカで一番長い橋「ヴェラザーノ・ナロウズ・ブリッジ」（全長4,176m 完成1964年）の名前の由来になりました。

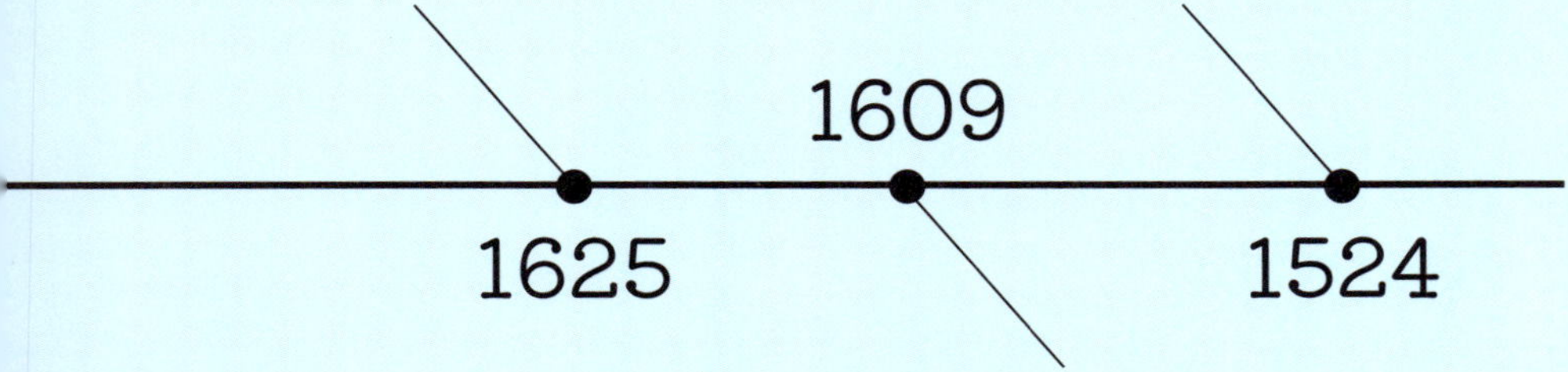


オランダがイギリスの探検家ヘンリー・ハドソンを雇い、北アメリカ大西洋沿岸地域の調査をさせました。彼はヨーロッパ人として初めて探検記録を文書にまとめ、この土地の美しさを賞賛し、彼が北上したマンハッタンの西側を流れる川はのちに「ハドソン川」と命名されました。
2009年1月15日に旅客機がハドソン川に不時着しましたが、乗客乗員155人全員が無事に脱出できました。この奇跡をもとに、映画『ハドソン川の奇跡』（2016）が作られました。

独立戦争において、アメリカ合衆国としてイギリスから13の植民地が独立し、7月4日が独立記念日となりました。ニューヨークもこの1つです。

オランダ人が現在のマンハッタン島を先住民から買い取りました。

1778

1776

1664

1626

7月26日、ニューヨークは11番目の州として合衆国に加盟しました。
その後は現在に至るまで、政治、経済、文化の中心として繁栄を続けています。

ニューアムステルダムが、イギリスに無血降伏。イギリスのヨーク公爵にちなんで、名称が「ニューヨーク」に変わりました。

※ 参考：https://www.newyorkstatehistory.org/new-york-city-history/the-europeans.html
“The Historical Atlas of New York City”
(Eric Homberger, 2016, St. Martin's Griffin)

# ニューヨーク市の基本情報

ニューヨーク州はアメリカ合衆国の東沿岸に位置しています。ニューヨーク市はその南端にあり、大西洋にも面しています。

## ニューヨーク市の人口と面積

ニューヨーク市は、全米で一番人口の多い大都市であり、8,804,190人（2020年国勢調査）が暮らしています。ニューヨーク市の面積は300.5mi²（778.3㎢）で、人口密度は26,950人/mi²（11,230人/㎢）です。

また、ニューヨーク州は人口が全米で4番目に多い州で、20,104,710人です（2020年国勢調査）。ニューヨーク州の人口の43.4%が、ニューヨーク市（5つの区）に集中しています。※

## ニューヨーク市の気候

日本の本州と同じように、ニューヨーク市には四季があります。12～2月の平均気温は、マイナス5～4℃。1～2月には雪が降り、0℃以下の日も多くなります。4月初め頃は、ダウンジャケットを着ていた翌日に、半袖で街を歩ける暑い日になることもあります。7～8月には、最高気温が30℃以上の日も多く、湿度も高くなります。10～11月には、公園や道端の紅葉を楽しむこともできます。

※ ニューヨーク市の人口、面積、言語
https://worldpopulationreview.com/us-cities
https://census.gov

## ニューヨークと日本との時差

日本との時差は14時間ですが、サマータイム（デイライト・セービング・タイム　DST）の時期（3月の第2日曜日～11月の第1日曜日）は13時間になります。夏至の頃は午後８時半頃まで明るい日が続きます。

## ニューヨークで使われている言語

家庭内で英語以外を使用している割合は、48％にものぼります。中でもスペイン語は22.6％で第1位。第2位がその他のインド・ヨーロッパ言語で13.2%。第3位がアジア・太平洋諸島言語で8.9%です。使われている言語の違いは、この街の人種の多様性を示しています。

# ニューヨーク市の5つの区

ニューヨーク市は5つの区（borough）で構成されています。マンハッタンだけは、住所を「New York, NY」と表記します。それぞれの区の特徴などを紹介します。

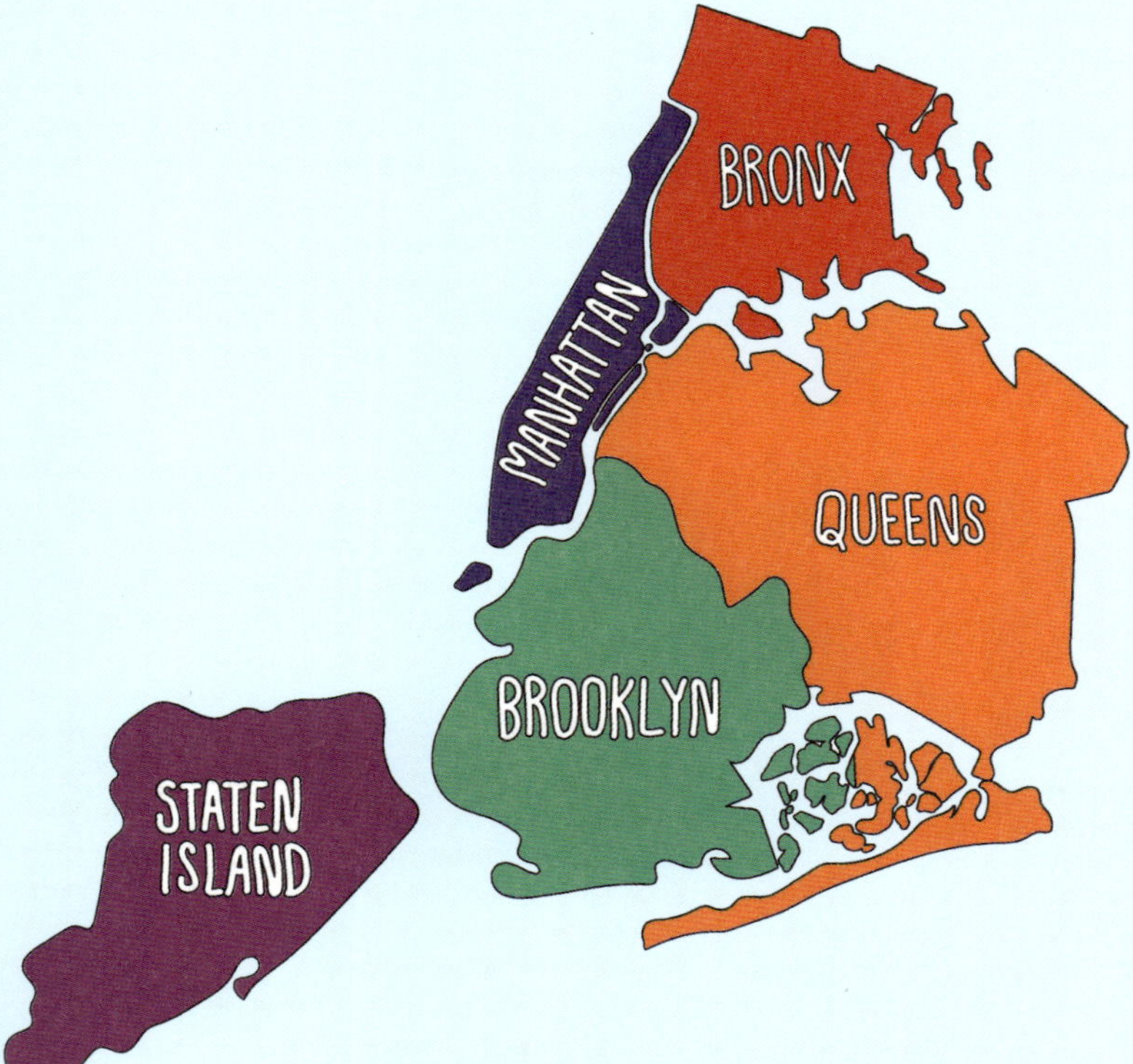

## ブロンクス（The Bronx）

ブロンクスだけ、アメリカ大陸に属しています。名前の前に定冠詞「The」が付いているのは、この地域に入植したオランダ人のジョーナス・ブロンク（Jonas Bronck）、そしてブロンク家に由来するためです。

見どころ ヤンキース・スタジアム、ブロンクス動物園。

## マンハッタン（Manhattan）

南北に細長い島。西にハドソン川、東にイースト川が流れ、北には大陸のブロンクスがあります。ミッドタウンと呼ばれる島の中央部はビジネスの中心地で、ダウンタウン地区は金融の中心地です。マンハッタンという名前は、ここに住んでいた先住民の言語で、「多くの丘のある島」または「小さな島」という意味の「マンナハッタ（Mannahatta）」に由来しています。

見どころ ロックフェラーセンター、エンパイア・ステート・ビル、グランド・セントラル・ターミナル。

## クイーンズ（Queens）

ロングアイランドという東西に細長い島の西側部分に位置しています。国際線の窓口ジョン・F・ケネディ空港、国内線の窓口ラガーディア空港があります。

見どころ 1939年と1964年に開催された万国博覧会の名残の地球儀「ユニスフィア」、全米オープンテニスのスタジアム（いずれもフラッシング・メドウズ・コロナ・パーク内）。

## ブルックリン（Brooklyn）

マンハッタンの南、イースト川を挟んで、ロングアイランドの最西部に位置しています。レッド・フック地区は、ファッションやアートの発信地となっています。

見どころ ウィリアムズバーグ地区、ブルックリン美術館、ブルックリン植物園。

## スタッテン・アイランド（Staten Island）

マンハッタンの南、ブルックリンの西の区域です。西隣は大陸で、ニュージャージー州です。マンハッタンとスタッテン・アイランドの間を運航している無料のフェリー「スタッテン・アイランド・フェリー」から、自由の女神やマンハッタンのダウンタウンのスカイラインを眺められます。見どころであるスナッグハーバー文化センターは、1833年に船員のために設けられました。

見どころ スナッグハーバー文化センター、植物園。

# ニューヨーク市のストリート（通り）の名前

## *Miles Davis Way*

**マイルス・デイヴィス・ウェイ**

West 77th Street between Riverside Drive and West End Avenue

ジャズのトランペット奏者、作曲家、バンド・リーダーだったマイルス・デイヴィスが住んでいた通りです。

ニューヨーク市では、社会的、文化的功労者や、その通りにゆかりのあった人物の名前を、ニックネームとしてストリート（通り）に付けることがあります。

## *Edgar Allan Poe Street*

**エドガー・アラン・ポー・ストリート**

West 84th Street between Riverside Drive and Broadway

作家、詩人のエドガー・アラン・ポーがこの地の農家に間借りしていたとき、物語詩「大鴉」(1845)が書かれました。

## *Nikola Tesla Corner*

**ニコラ・テスラ・コーナー**

West 40th Street & Avenue of The Americas

発明家のニコラ・テスラが晩年、ここでハトに餌付けをしていました。

# ニューヨーク市の交通

さまざまな交通手段のあるニューヨーク。場合によっては徒歩が一番早いことも。それぞれの乗り物のルールや注意事項を紹介します。

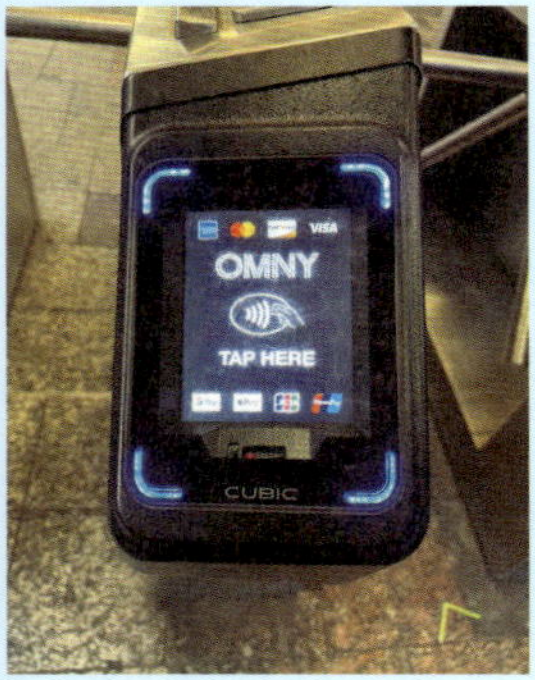


乗り物

## 地下鉄とバス

地下鉄は24時間運行。運賃は距離に関係なく、一律で2.90ドルです。

メトロカードは、駅に入るとき、バスに乗るときに、カードを機械に読み込ませる方式で、改札を出るときはそのまま通過します。

市は近い将来、メトロカードを廃止して、OMNY（ダウンロードしたアプリの画面をかざすか、クレジットカードや銀行のカードを直接機械にかざすシステム）の導入への取り組みを始めています。

## 無料の乗り換え

地下鉄からバス、バスから地下鉄、バスからバスへの乗り換え（路線が違う場合のみ）は、2時間以内なら1回だけ無料でできます（フリー・トランスファー）。

## 地下鉄に乗るときの注意

車掌は中央の車両に乗っています。夜間は、車掌のいる前後の車両に乗車するのがおすすめです。

地下鉄車内は騒音レベルが高く、車掌のアナウンスが聞きにくいことが多いので、よく耳を澄ませます。各駅停車と急行で線路は違いますが、各駅停車がいきなり急行になることがあります。周りの人たちの動向にも注意を払っておきましょう。

夜間や週末は、修復工事等により運行スケジュールが変わることが多いので、普段と違うスケジュールで外出するときには注意が必要です。

## タクシーとカーサービス

タクシー（イエローキャブ）は、車体上の電光板の文字が光っていたら空車、光っていなかったら乗車中または予約車です。
カーサービスアプリ（ウーバー、リフト、カーブ）を使う場合は、アプリに出発地と目的地を入力し、迎車を待ちます。
タクシーやカーサービスのチップは15～20％です。アプリを使って乗車した場合は、降りるとき「チップを何％（または、金額）払いますか？」と表示されます。タクシーは、下車する際にチップ込みの値段を支払います。
どの車も自動ドアではないので、ドアの開閉は自分で行います。

## シティ・バイク（Citi Bike）

シティ銀行（Citibank）がスポンサーの自転車シェアプログラム。通常の自転車と電動自転車があります。コロナ禍で、通勤や通学に使う人たちが増えました。観光客にも人気があります。
街中には自転車専用レーンも充実しています。ヘルメットの着用が推奨されています。
シティ・バイクのアプリまたはカーサービスのリフトのアカウントを使用してアカウントを作成します。
バイクを戻す場合は、空きがあるバイク・ステーションをアプリ上で見つけます。1回のレンタル料は、30分未満の場合4.79ドルです。30分を超えると超過料金が発生します。

### 片側駐車規制について

ニューヨーク市では、車庫を借りずに自家用車を路上駐車する人も多いです。ただし、「片側駐車規制（Alternate Side Parking）」と呼ばれるルールがあり、右の写真の標識に注意します。示されている曜日・時間帯にこの標識がある側に車を駐車すると、罰金が科せられます。この標識の反対側の通りへの駐車は違反にならないため、反対側の通りは縦列駐車の車で埋め尽くされます。

# 年間カレンダー：

## ニューヨークの祝日、イベント＆パレード

祝日　イベント＆パレード

アメリカでは、連邦政府（アメリカ合衆国）が定めている11日間の祝日（Federal Holidays）と、各州ごとに定めている祝日（State Holidays）があります。1年の間にどんなお祝いごとがあるか、主なイベントやパレードとともに紹介します。

## 1月

1日　**ニュー・イヤーズ・デー**

第3月曜　**マーティン・ルーサー・キング・ジュニア・デー**

非暴力と人種差別撤廃へのキング牧師の貢献と生誕（実際の誕生日は1月15日）をたたえる日。

## 2月

第3月曜　**プレジデンツ・デー**

ジョージ・ワシントンの誕生日（22日）とエイブラハム・リンカーンの誕生日（12日）を祝う日。歴代大統領への敬意の念を示す。

## 3月

17日　**セント・パトリックス・デー**

アイルランドにキリスト教を広めた聖人セント・パトリックの命日。アイリッシュ系移民の多いニューヨーク市では盛大なパレードが行われ、人々は緑色の服装でこの日を祝う。宗教上の理由により、この日が日曜日になる場合は、前日の16日に開催。

下旬から4月 イースター直前の金曜　**グッド・フライデー**

イエス・キリストが十字架にかけられた日。会社は休日や半休になるところも。

# 4月

春分の日の後の最初の満月の次の日曜

## イースター（復活祭）

イエス・キリストが処刑されてから3日後に復活したことを祝う日。

## イースター・パレード

人々がカラフルなドレスや衣装を身にまとい、デコレーションされた「ボンネット」風の帽子を被り、5番街を練り歩くパレード。

# 5月

第2土曜

## ジャパン・パレード

祭りなど日本の伝統文化を披露する催し。屋台など日本食の出店も並ぶ。※

最終月曜

## メモリアル・デー

戦没将兵を追悼する日
（夏が始まる日。海開きも行われる）。

## メモリアル・デー・パレード

戦没将兵を追悼し、称えるパレードが行われる。

※ 2026年以降の開催は未定

## 6月

**第2日曜**

### プエルトリカン・デー・パレード

プエルトリコ系の人たちがその文化や歴史をたたえる日。にぎやかなパレードが行われる。

**19日**

### ジューンティーンス

奴隷制の終わりを祝う日。6月（ジューン）19日（ナインティーンス）に制定されたことに由来する合成語。

**夏至**

### インターナショナル・ヨガ・デー

タイムズスクエアでは終日「夏至ヨガ」が行われる。

**最終日曜**

### NYCプライド・マーチ

ゲイであることをたたえ、パレードが繰り広げられる日。

## 7月

**4日**

### 独立記念日

1776年7月4日に、イギリスからの独立宣言が採択されたことを祝う日。

### メーシーズ・ファイアーワークス

老舗デパート「メーシーズ」主催の盛大な花火大会が川沿いで催される。

8月

最終週から9月初め

**全米オープンテニストーナメント**

クイーンズで開催される。

9月

第1月曜

**レイバー・デー**

労働者をたたえる日。夏の終わりの日。

10月

第2月曜

**コロンブス・デー**

コロンブスがアメリカ大陸を発見したことを祝う日。

パレードも行われる。

**インディジナス・ピープルズ・デー**

先住民の日。アメリカ大陸の先住民をたたえる日。

31日

**ハロウィン**

キリスト教の「諸聖人の日」

(すべての聖人と殉教者を崇敬する日)

の前夜祭。死者の霊が親族を訪れるとされる。

人々は仮装パーティーを楽しむ。

**ヴィレッジ・ハロウィン・パレード**

夜は仮装をした人々が参加するパレードも行われる。

# 11月

## 第1日曜

### ニューヨーク・シティ・マラソン

世界各地から集まった参加者がニューヨーク市の5つの区（ボロー）を走り抜ける。スタッテン・アイランドを出発し、最終ゴールとなるマンハッタンのセントラルパークまでの42・195キロ。

## 11日

### ベテランズ・デー

退役軍人の日。従軍した人たちに敬意を払う日。

## 第4木曜

### サンクスギビング・デー（感謝祭）

1621年、イングランドからやって来たピルグリムが、秋の収穫と感謝の意を表してアメリカの先住民にご馳走をしたことが始まりとされる日。家族が集まってご馳走を囲みながら、喜びと感謝を分かち合う。家族が遠方にいる人を招くこともある。

### メーシーズ・サンクスギビング・デー・パレード

老舗デパート「メーシーズ」主催のニューヨークで最大級のパレード。最後尾にはサンタクロースが登場。

# 12月

ユダヤ暦第9月の25日目～8日間

## ハヌカ

ユダヤ教の光の祭典。エルサレム神殿の奪回を祝うお祭り。毎日1本ずつキャンドルが灯される。

25日

## クリスマス

イエス・キリストの生誕を祝う日。
12月になるとミッドタウンのロックフェラーセンターのクリスマスツリーや、その周辺のクリスマス・デコレーションの見物で街がにぎわう。
24日のクリスマス・イブは、家族を訪問するための移動日といった位置付け。夜中のミッドナイト・マス（真夜中のミサ）で教会に行く人もいる。

31日

## ニュー・イヤーズ・イブ

タイムズスクエアでは、恒例のカウント・ダウンが行われ、友達や家族と集まり時間を共有する。

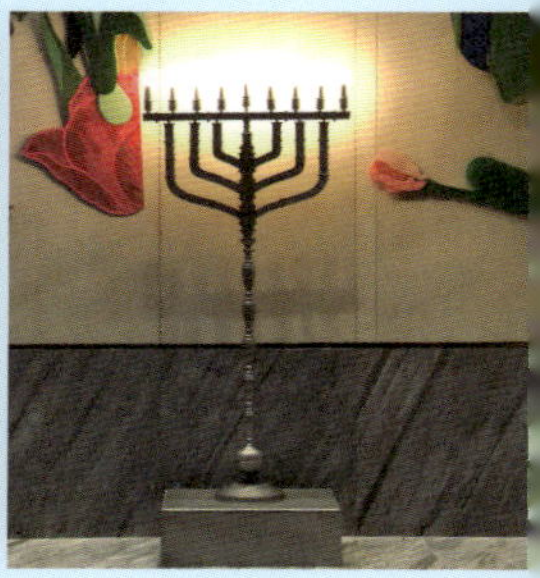

# ニューヨーク市の生活のいろは

## レストラン

料金は合計金額に消費税（8.875%）が加算されます。

ファースト・フードやセルフ・サービス以外では、税金を含まない合計金額に18 ～ 20%の金額を上乗せした分をウェイターやウェイトレスへのチップとして支払います（6人以上のグループの場合は、20%以上）。

ほとんどのレストランではテーブルで会計が行われ、割り勘のときはクレジットカードを各自が出すと、各自のカードで均等割に計算した明細が出てきます。

## アルコールの販売とバー

アメリカでの合法飲酒年齢は満21歳以上です。バー、スーパー、酒屋では、年齢確認のための身分証明書の提示を求められることもあります。日本人は実年齢よりもかなり若く見られることが多いので、外出の際には念のため身分証明書の携帯をお忘れなく。

## 水道水

ニューヨークの水道水は、普通に飲み水として提供されています。レストランでも水道水がテーブルに運ばれてきます（タップ・ウォーター）。ボトルに入った水やスパークリング・ウォーターは有料で、別途注文します。

## ビザ（査証）

アメリカ合衆国への旅行（90日以内の滞在）には、事前にオンラインでビザ免除プログラムを利用し、認証（ESTA（エスタ）「電子渡航認証システム」）を得る必要があります。
旅行以外では、学生ビザ、就労ビザ等を各機関で発行してから渡米します。就労ビザは職種により、その期間と種類や、延長期間の決まりが違います。

## グリーンカード（永住権）

毎年一度、永住権（ロタリー）の抽選があります。アメリカ市民との結婚、または雇用主がスポンサーとなって、その人の特別な経験が会社にとって必須であると証明することで、永住権を取得することも可能です。

## 住まい

学生や単身者は、「ルームシェア」が一般的です。単身でアパートに住む場合は、不動産屋を通して物件探しをすることが多く、入居時の保証金（デポジット）は、1か月分です（いわゆる敷金）。借りる側が、アパートの管理組合に身元確認のために銀行残高や収入の証明書類等を数百ドルの審査料とともに提出することもあります。さらに不動産屋に支払う費用（いわゆる礼金）が家賃の1か月分なので、通常は、入居前に家賃の3か月分の準備が必要です（ただし貸す側が不動産屋に礼金を支払う「ノー・フィー」（No Fee）というシステムもあります）。「ペット可」のアパートも増え、また高齢者でも、収入や資金次第でアパートを借りることは難しくありません。年齢、性別、人種、宗教、セクシャルオリエンテーションによる差別を行ってはいけないからです。

## ニューヨーク市のクレーム・サービス311（アプリもあり）

生命に関わること（火事、救急車は911）以外で、ヘルプが必要な場合、311とダイヤルすると、ニューヨーク市のサービス・センターにつながります。

内容例：

- 近隣の騒音
- 不法ゴミ投棄
- 冬、アパートの暖房温度が適温に達していないとき
- 温水が供給されないとき
- エアコンや冷蔵庫を廃棄するとき

NEWYORK LIFESTYLE

# PART 3

## パワフルな街を自分らしく楽しむ

後編

# BEING YOURSELF IN AN INVINCIBLE CITY (SECOND HALF)

# エンドロールの余韻

## NOSTALGIA

映画の本編が終わった後、クレジットの情報とともにエンディングの音楽が流れ始める時間（エンドロール）は、英語で「End Credits（エンドクレジッツ）」と呼ばれています。私にとっては、本編の余韻に浸りながらストーリーのおさらいをしたり、どれだけたくさんの人たちがこの映画に関わったのかに思いを馳せたり、気になるロケ地がどこだったのかを発見したりと、製作者たちへの敬意を示す大事なひと時。さらに、現実の世界にゆっくりと戻っていくための、大切な時間でもあります。エンドロールを味わわずに席を離れることはまずありません。

先日、日本に里帰りした際に、映画を観に行きました。エンドロールの最中、観客は誰一人として席を立つことなく、じっと映画の余韻に浸っているようでした。もちろん、私もその1人でした。劇場内が明るくなってやっと皆が立ち上がり始め、ゆっくりとその場を後にする光景を目にしました。

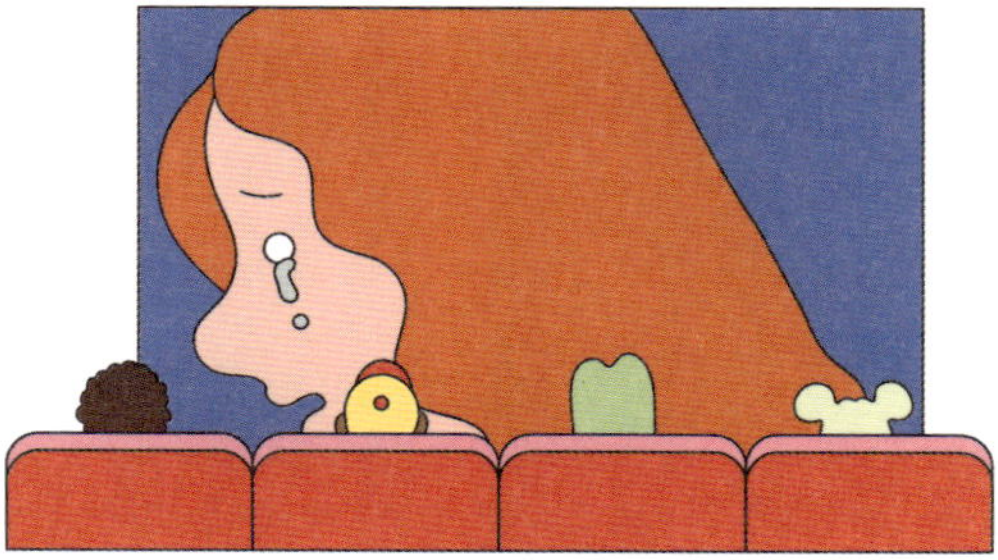

数か月後、同じ映画がニューヨークの映画館でも上映されていると知り、エンディングテーマの音楽も好きだったので、ニューヨークでもう一度その映画を観に行きました。ただ、今度は日本とは様子が違いました。エンディングテーマの音楽が流れ始めるやいなや、観客はどんどん立ち上がり、しゃべりながら劇場を出ていきます。最後に照明がついて明るくなり、周りを見回すと、私も含めて数人のアジア人しか席に残っていませんでした（３００人ほどの席数でした）。

ニューヨークではこれが普通だったということを、すっかり忘れていました。エンディングテーマの音楽になんか浸っていないのです。もっと言えば、映画の内容が、自分が期待していたものとは違うと判断すれば、たとえそれが上映開始10分だとしても、平気で席を立って劇場から出ていきます。

そこで思い出しました。例えば別れ際、日本人は何度もお辞儀をしたり、相手の後ろ姿が見えなくなるまでお見送りをしたりして、別れの余韻に浸る傾向があります。でも、ニューヨークでは映画と同じ。さよならのハグをしたら、後ろを振り向くことなく、さっさと次の目的地に向かって歩き出すのが当たり前。ニューヨークの人たちは、合理的というか、やはりせっかちな人が多いようです。

# 憧れという魔法

MAGIC

かつて、ニューヨークで私の憧れの場所は、マンハッタンの5番街にあるティファニーの本店でした。憧れたきっかけは映画『ティファニーで朝食を』（1961）です。

映画の冒頭、主人公のホリー（オードリー・ヘプバーン）は、早朝にティファニーの前でタクシーから降り立ちます。ティファニーのショーウィンドーを眺めながらコーヒーとペイストリーで朝食をとるシーンは、とてもアンバランス。私は彼女の黒いドレスと髪型に憧れましたが、無言の彼女の顔から、「きっと素敵な出会いがなかったパーティーからの帰り道だからかも」と想像したり、「いや、もっと素敵な出会いを見つけようと、自分を勇気づけているところかも」と思い直したり。ホリーの姿は、私に「大丈夫。力強く生きよ

う」という勇気をくれたのです。

ニューヨークはテレビドラマや映画の舞台に選ばれることが多く、世界中から憧れを持って訪れる人が絶えません。大ヒットしたテレビドラマシリーズの「セックス・アンド・ザ・シティ」（1998〜2004）や「ゴシップガール」（2007〜2012）のロケ地を訪ねる聖地巡礼ツアーも、いまだに人気のようです。

メキシコ出身の30代の女性で、映画やテレビドラマシリーズの聖地巡礼が大好きな友達がいます。ドラマや映画の中で輝くキャラクターの素敵な暮らしに憧れて、キャラクターと同じ場所に行き、同じようなことをして、キャラクターに自分を重ねながら場の雰囲気を味わいます。彼女の熱中ぶりを見ていると、聖地巡礼を繰り返しているうちにいつかラッキープリンセスになるのではないかと私は本気で思っています。

Look Again
European Paintings
1300–1800
ONE WA
RK
ORK
DISABLED
VETERAN

AFRICA
&
BYZANTIUM
DISABLED
VETERAN

# レストランのグレードＡＢＣ

## ABC GRADES

レストランの入口付近に掲げられているＡＢＣの文字。このシステムは、２０１０年７月からニューヨーク市で始まりました。

これは「おいしいお店」のグレードを表しているものではありません。ニューヨーク市の衛生局が衛生基準の抜き打ち検査を行い、飲食店に下したＡＢＣの判定なのです。もちろん衛生局の検査は２０１０年より前からありましたが、飲食店は、通りから見える場所に判定結果のグレードのサインを掲げることが義務付けられ、検査結果が以前よりも一般に見えやすくなりました。

市のインスペクター（検査官）は事前通知をすることなく、私服で店にやって来ます。私も前職のケーキ屋で、何度かインスペクターに出くわしたことがあります。インスペクターが店のマネージャーに自己紹介をして素性を明かすと、仕事用のジャケットをはおり、細かくチェックを始めます。インスペクターが来ると、店のスタッフ全員がとても緊張します。

Little ITALY PIZZA
PIZZA
PROUDLY SERVING
Coca-Cola
LITTLE ITALY PIZZA • NYC
LITTLE ITALY PIZZA • NYC
LITTLE ITALY PIZZA • NYC
SANITARY INSPECTION GRADE
A
NYC
NJOY WITH A

上から順にA、B、C。Cにも達しない場合がPending（保留中）。A以外の判定の場合、数か月後、また抜き打ちで別のインスペクターがやってきます。前回注意を受けた点がきちんと改善されているかを再度チェックして、最終のグレードが出されます。検査結果はニューヨーク市のウェブサイトで公開されていて、レストランの名前からグレードチェックが簡単にできます。※1

インスペクターは「表には見えない部分」のチェックを細かくしていきます。※2

例えば、食品がきちんと管理されているか、冷蔵庫の温度は適正か、食洗機に使われる液体のpHは許容範囲内か、害虫の巣や死骸がないか、隅にほこりが溜まっていないか。害虫侵入の形跡がないかや、まな板が欠けていないか、変色が起こっていないかなど細かくチェックします。

すべてのチェックが終わると、インスペクターは書類を作成し、判定します。Aの判定が出ると、店のスタッフ全員に大きな笑顔が。「これで、1年間は安泰だ！」と、ホッとするからです。

Aの文字が入口付近にあるレストランは「衛生面で合格点をもらった店」。安心して入れます。「A以外のレストランやカフェには絶対に行かない」と決めている人もいるくらい、ニューヨークの人たちはこのシステムに絶大な信頼を置いています。

※1 ABCのグレードをチェックすることができるサイト
https://a816-health.nyc.gov/ABCEatsRestaurants/#!/Search
※2 フードサービス事業向けインスペクションガイド
"What to Expect When You're Inspected": A Guide for Food Service Operators
https://www.nyc.gov/assets/doh/downloads/pdf/rii/blue-book.pdf
Appendix 23-A（補足点数表 23-A）
https://www.nyc.gov/assets/doh/downloads/pdf/public/chap23-notice-appendix23a.pdf

Tacos
Burritos
WARNING
TACOS Y QUESADILLAS MEXICO
A
FV11066
Nachos
Tostadas
Torta Cubana
Tortas
Tortas De Jamon
Semitas

2041
Open
A
PINKBERRY DIFFERENCE
LEMONADE

For complaints, contact:
NYC
SANITARY INSPECTION GRADE
GRADE PENDING
NYC

MIMI'S
PIZZA
FRESH
ROM THE OVEN
A

N.Y. LIFESTYLE 24

# 公共のトイレ事情

RESTROOM

ニューヨークに来て驚いたことの1つに、オフィスや公共のトイレがあります。トイレのドアや個室の仕切りの壁の高さが、日本とは全く違うからです。

まず、個室の「ドアのサイズ」です。ドアは、下のほうは床から30センチほど、上のほうも天井からかなりの空間があります。つまり、ドアの面積が極端に小さいのです。これは、個室内での犯罪防止と、使用中かどうかすぐに判別するためといった、いくつかの合理的な理由があるようです。

「郷に入れば、郷に従え」とはいえ、このトイレに慣れるまで、かなり時間がかかりました。中に入っても「個室感」が少なく、なんだか落ち着かないのです。

また、「音」への考え方も日本とは違います。日本では、エチケットとして音が鳴る機械が備え付けられているところが多いでしょう。でもここニューヨークでは、いちいち音を気にする人もいないようで、そのような機械を目にしたことはありません。

さらに、時代を反映しているトイレもあります。最近、数年ぶりにリンカーンセンターの劇場に行きました。バレエやオペラが観劇できる、世界有数の文化施設です。

観劇の後、お手洗いに立ったもののしばらくトイレの入口の周囲を行ったり来たりしていました。入口に、男性用か女性用か、はっきりとした表示がなかったからです。そのとき、後ろから来た男性が迷わず中へ入っていきました。このトイレはジェンダーレス仕様だったのです。

その後、もう1人新たな男性がやって来ました。ここでレディファーストに遭遇し、「After you!」(「お先にどうぞ!」)と言われた私は、つい「Thank you!」と返してしまいました。仕方なく、そそくさと個室に入り込み、ドアをロックしましたが、外からは男性の声しか聞こえてきません。なんだか落ち着かずにいると、外からやっと女性の声が。「Where is the ladies' room?」(「女性用トイレはどこ?」)。やはり、女性用トイレを探しているようでした。

このジェンダーレストイレは、個室の両側の壁もドアの上下の高さも、男女別のトイレに比べると高く保たれていました。でも、ドアを開けたら男性か女性か、どんな人が目の前で待っているのかもわからない状態を想像し、戸惑いました。

今後、このような公共の場のトイレも増えてくるのでしょう。さまざまな課題はありつつも、日本でも店舗や大学、空港などで、徐々に導入されていると聞きました。誰もが使いやすい環境整備は大切ですが、私はもう少しだけ、慣れるのに時間が必要そうです。

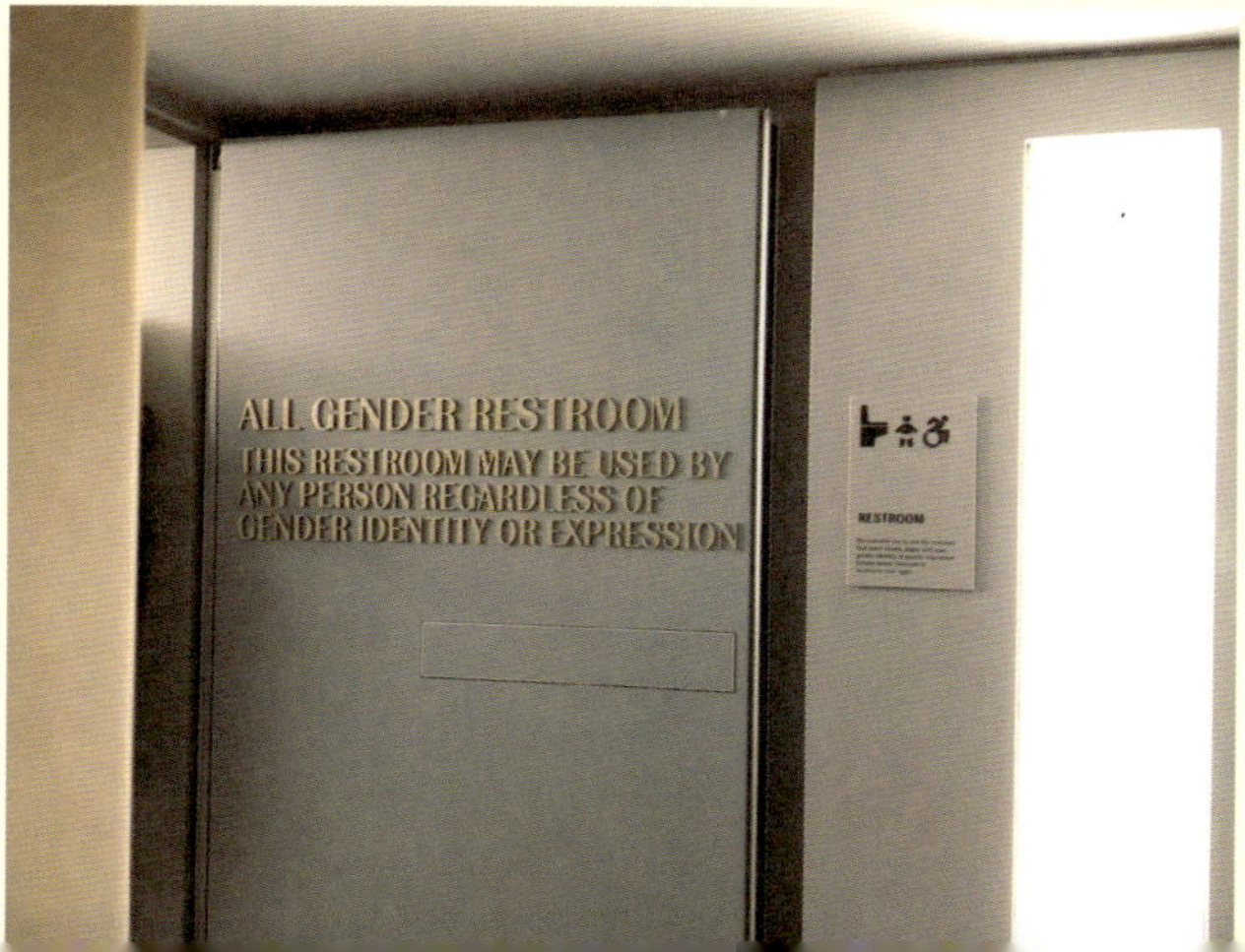

# 街中の気軽なコミュニケーション

## COMPLIMENT

「ねえ、あなたの髪型ステキね！ どこでカットしてもらっているの？」。地下鉄で見知らぬ女性に声をかけられた、ある女性がいました。その一言が縁を生み、2人は同じヘアスタイリストのところに通うことになりました。これは、私のヘアスタイリストから聞いた話です。

ある夏の晴天の日。お気に入りのコーディネートで歩いていると、前方から来る女性と目が合いました。女性は笑顔で近づいてきて、「ねえ、あなたのコーデ、ステキ！ それ、どこで買ったの？」と、根掘り葉掘り聞いてくるのです。特別、高価な服ではなかったのですが、私のルンルンとした足取りから、明るい気持ちがあふれ出ていたのでしょう。

こんなふうに街で見知らぬ人から褒められると、大きなエネルギーをもらえます。

ニューヨークの街中では、そんな気軽な人と人とのコミュニケーションが転がっています。ほんの一瞬すれ違いざまに繰り広げられる、「ステキね!」「どこで手に入れたの?」という会話。銀行の窓口でも、「Nice nails!」(「ステキな爪ね!」)と言えば、しかめっ面だった担当者もすぐに大きな笑顔を返してくれて、その場の空気が和らぎます。

見知らぬ人に声をかけるというのは、なかなか勇気のいること。でも、言われてうれしかったことのある私は、普段から相手のよいところや素敵なところを見つけてすぐに発言できるように心がけています。

日常の中で、ふと生まれる小さなコミュニケーション。みんなそれぞれが忙しく過ごしているからこそ、気軽にお互いを元気づけ、笑顔でエネルギーを交換し合っている風景がとてもニューヨークらしいなと感じる今日この頃です。

# 賞味期限とレシート

## EXPIRATION DATE

ここニューヨークでは、スーパーで買い物をするとき、決して忘れてはならないことがあります。賞味期限のチェックです。

本来なら、お店で売られているものは、賞味期限が切れていないことは当たり前。でもここでは、当たり前が当たり前ではないということを覚えておかないといけません。棚に並ぶ一番手前の商品の賞味期限が、当日ならまだしも、完全に期限切れということも、実は多くあります。商品を必ず手に取ってチェックすることが欠かせません。

ところが、ついうっかりしてしまうこともあります。

先日、スーパーで久しぶりに大好きなチーズの銘柄を見つけ、うれしくなって次の瞬間、ポイッと買い物カゴに入れていました。帰宅して冷蔵庫に入れるとき、パッケージを見て愕然としました。「やってしまった！」。賞味期限は前日でした。

あとあと考えてみると、いつものチーズの売り場ではない商品棚に置

かれていたことに気がつきました。大好きなチーズの銘柄に心が舞い上がってしまったのです。脱力感が込み上げてきました。

翌日、レシートと商品を持って交換に行くと、店員は悪びれもせず、「Sorry!」と言って、新しい商品と交換してくれました。レシートは必ず持ち帰り、商品を消費し終わるまで保管しておくぐらいでよいのかもしれません。賞味期限前に傷むことも起こり得ますから。

日常的に使う「卵」も要注意です。透明のプラスティックケースではなく、ニューヨークでは、茶色の紙製の容器に入っていることも多いのです。その場合、スーパーではみんな、ふたを開けて中の卵が割れていないか、汚れていないかを確認してから、買い物カゴに入れています。

他にも、賞味期限が全くあてにならない商品がミルクです。輸送中などの温度差で、賞味期限前に傷んでしまうこともあります。私はよほど必要なとき以外は、比較的傷みにくいソイミルクやアーモンドミルクを買っています。

たかがスーパーでの買い物ですが、ここでは「自分の身は、自分で守る」のが当たり前の毎日です。

# 切実かつ戦略的な結婚

## MARRIAGE

私はもともと、学生として1年間過ごすためにニューヨークにやって来ました。永住権の抽選（ロタリー）に当選してこの国に住み始めた人たちもいますが、私の周りにいる多くが、海外から「学生ビザ」で来ています。その中には、学生ビザが失効してもそのまま自分の国に帰らずに住み続ける人たちもいます。

ビザを持たないままこの国に住むのは、かなりの冒険です。ステータスがいっさいなくなるので、仕事に就くのがとても難しく、相当の覚悟と決意が必要です。例えるなら、戸籍がないまま暮らすような状況。それが友人などの場合は、心配で気が気ではありません。

ただ、これは決して珍しいことではないのです。

ビザが切れてステータスを失った人たちが、それでもこの国で暮らし続けるために計画することは、「アメリカ市民との偽装結婚」です（もちろん、本当の結婚もありますが）。ビジネスとして形だけの契約

結婚で、一緒に生活はせず、相手が永住権、通称「グリーンカード」（以前このカードが緑色だったのでいまだにこの呼び名が使われます）を取得したらお別れします。紙の上の結婚と離婚です。

どんな形であれ、ステータスを失った人たちに共通して言えることがあります。それは、「何が何でも、決して諦めない」というガッツです。自国で生活するよりも、ここで暮らしたほうが夢を追いかけることができる。経済状況が恵まれている。自国の生活に生きづらさを感じて、違う世界に飛び出したくなった。こんなふうに、ここニューヨークで暮らすことを決めるに至った理由は人それぞれです。でも、いざ永住すると決めたら、手段は選びません。

勇気を持ってこの土地に飛び込んできた人たちがひしめき合っている街では、みんな、毎日を一生懸命生きています。

事情はそれぞれ違っても、ニューヨークにはこういうたくましい根性を持っている人たちが多いように思います。

# お互いの信仰を尊重すること

## RESPECT

ニューヨークには地球をギュッと凝縮させたかのように、世界各地からさまざまな人種が集まって住んでいます。キリスト教、ユダヤ教、イスラム教、ヒンズー教など、たくさんの宗教と、さらに細かい宗派が共存しています。

昨今では、ニューヨーク市は米国最大のユダヤ人コミュニティーを形成しているようです。[※1]「人種のるつぼ（Melting Pot）」と形容されることがありますが、お鍋の中で、スープの具が混ざっている状態とは、少し違います。お鍋というより、宗教や人種の違いによる住みわけがなされ、それはパッチワークのようだと感じています。

宗教のことは、お互いにそっとしておく、触れない、尋ねない、話さない、という暗黙の了解があります。あなたはあなた。私は私。それは、他人を認める精神です。もちろん、「あなたは、神を信じますか？」「あなたは、何の宗教を信仰していますか？」といった質問もしません。

多くの人たちにとって、信仰する宗教を自分の核として持っているこ

とが当たり前だからで、皆、違っていて当然であることを受け入れています。違っていて大丈夫、違っていてもよいし、同じでなくてもよいのです。

また、中には自分は無神論者だと唱える人たちもいます。

私の友達は、熱心なカトリック教徒の両親のもとに生まれた結果、宗教がすっかり嫌いになってしまったそうです。彼女がこんな話をしてくれました。

「私は無神論者なの。私の子どもたちが小さかった頃、他の家では子どもたちがクリスマスにプレゼントをもらっているのを知って、『僕たちのクリスマスプレゼントは?』と聞いてきたけど、『私たちは自由人だから(since we are free spirits)、クリスマスはお祝いしないの。だから、プレゼントはないのよ』って子どもたちに言ったわ」

「free spirit」とは、意訳すると「自由人」。宗教にはとらわれない、神の存在も認めない、そのような概念や縛りから自由な精神、ということです。ただ、友達になりいったん心理的距離が近づくと、自分から信

仰しているものについて話してくれる人が多いです。宗教によって、祝日や働いてはいけない日など、多様な規定があるので、共有してくれるのです。

こんなふうに、たくさんの宗教が入り混じって存在していますが、「自分の信じていることや神は正しくて、あなたの信じていることは間違っている」と、相手を責めるような場面に出くわしたことは、一度もありません。各人が互いを認め合っているように見受けられます。道端で、突然イスラム教徒たちが小さなカーペットを歩道の隅に広げ、その上に正座をしてお祈りを始める姿も、この街の日常の風景の一部です。

移民の国アメリカの中でも、過去一番たくさんの移民を受け入れた窓口があったエリス島。[※2]ニューヨーク州ニューヨーク市のマンハッタン島の南西の沖合にあります。移民の出発地点という特別な歴史があるこの街は、周囲と足並みを揃え、周囲の目を気にして生きていかなくても大丈夫な街として、さまざまな宗教、人種、文化を受け入れています。

日本から1人でやって来た私のことも、他の人たちと同じようにそのまま受け入れてくれました。ニューヨークが移民に優しく生きやすい街なのは、そうした歴史的な背景があるからだと思います。

※1 ユダヤ人コミュニティーの確立
https://www.jta.org/2024/05/09/ny/nearly-1-million-jews-live-in-nyc-new-study-finds
※2 移民の受け入れ窓口エリス島
https://www.nps.gov/elis/learn/historyculture/index.htm

# 小さな生き物との出会い

WILD LIFE

マンハッタンのアッパーウエストサイドには野鳥保護センター（Wild Bird Fund）があります。
ある夏の日の夜、道端でうずくまっているハトを見つけました。成鳥ではないことは、体の大きさや顔つきからすぐにわかりました。放置したら危険な目に遭うと思い、自宅で一晩保護し、翌朝、野鳥保護セ

ンターに連れていきました。

さらにその1週間後、再び道端でうずくまる幼いハトを見つけたので、翌朝、野鳥保護センターに連れていきました。

センターのスタッフに「2週間連続で傷ついたハトを連れてきました」と伝えると、「一度、傷ついた鳥を見つけると、目が鍛えられるようです。同じ人が2回、3回と続けてくることは、決して珍しくないんですよ」とのこと。ニューヨーカーも意外と情け深いのかと感じました。

帰宅すると、今度は玄関の脇で赤ちゃんネズミを見つけました。雨に打たれたのか、体毛が濡れてすっかり弱っていました。このままコンクリートの上ではかわいそうだという思いが湧き上がり、玄関脇の植え込みの土の上に移してあげました。小さく切ったチーズを置いてあげると、ペロペロ舐め始めました。よく見ると、とてもかわいいまん丸の目をしていました。翌朝、植え込みをチェックしに行くと、ネズミの姿は消えていました。

こんなところを誰かに見られたら、間違いなく白い目を向けられるでしょう。ここニューヨークでは、ネズミもゴキブリも人間の敵として、エックスターミネーター（exterminator、害虫駆除をする人）が

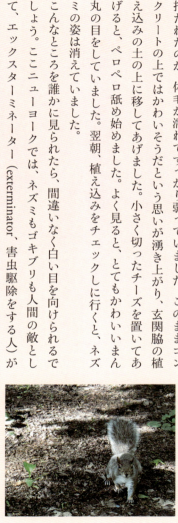

『ゴーストバスターズ』を彷彿とさせる噴霧器を持って、街中の害虫駆除をしているからです。

その後、2羽のハトに関して野鳥保護センターから、「最初のハトは元気に飛ぶ練習をしていますが、2番目のハトは助けることができませんでした」との報告を受けました。

ハトもネズミも、街中ではほぼ嫌われ者です。しかし、助かったハトといつかまた公園や街中で会えたら……と思うと、幸せな気分になりました。

その後も、地下鉄で丸々と太った大きなネズミを見るたびに、「あなたも昔はとても小さくてかわいかったのよね！早く人目につかないところに逃げて！」と、心の中で叫びます。

ここニューヨークでの小さな生き物との出会いは意外に多く、私に密かな楽しみや喜びを与えてくれます。

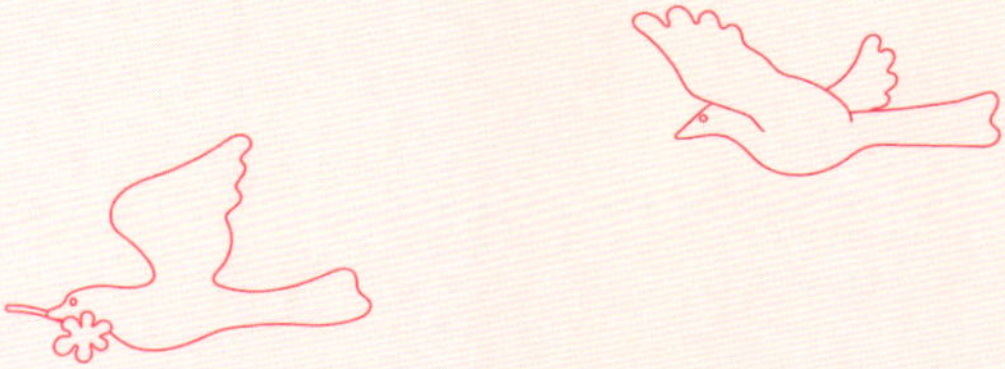

野鳥保護センター（Wild Bird Fund）

# 週末は公園でピクニック

PICNIC

ニューヨークの冬の寒さは厳しく、1日の最高気温が0℃以下になるような日も珍しくありません。冬至の頃は、午後4時半には暗くなってしまいます。

そんな厳しい寒さの冬が明けると、ピクニックシーズンがやってきます。4月頃、気温が上がるにつれて日照時間も長くなり、外で過ごしたいニューヨーカーたちがあちらこちらの公園に繰り出します。日々忙しく、毎日があっという間に飛んでいってしまうニューヨーカーたちも、週末は家族や友達との時間を大切にしています。週末の天気予報が出るとすぐ、「公園にお散歩に行かない?」「ピクニックしない?」と友達を誘ったり誘われたりします。

マンハッタンで一番人気の公園は、1858年に設立されたセントラルパーク。中でも、79〜85丁目あたりのグレートローンです。夏には

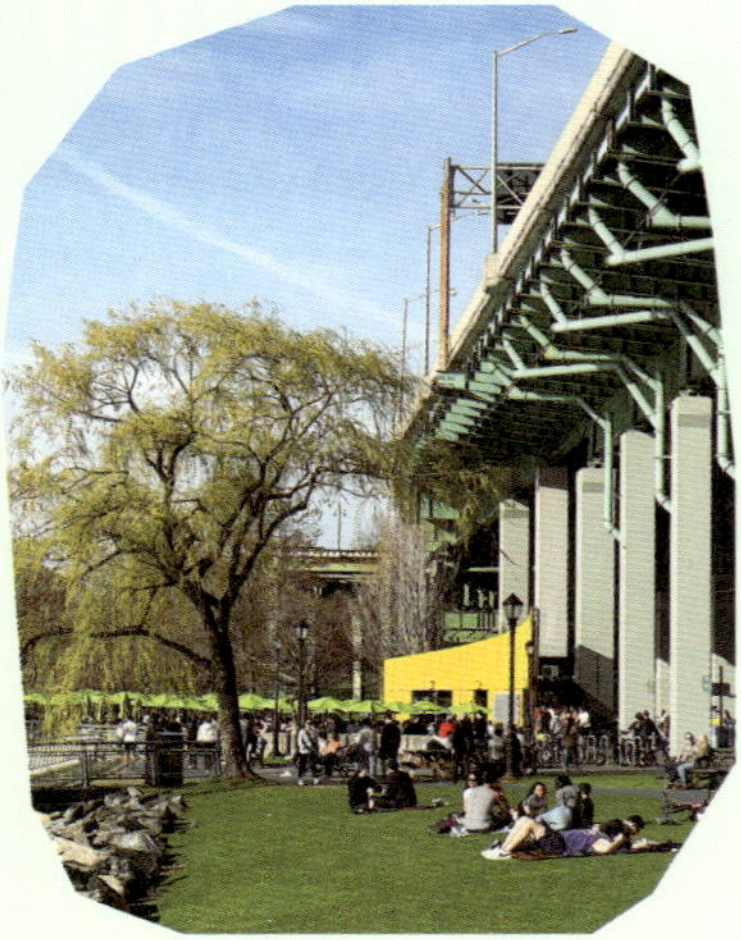

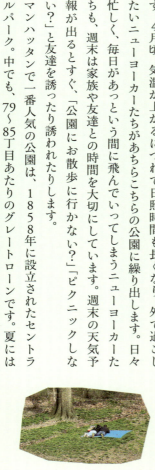

コンサートも催されます。また、ウエストサイドの66～69丁目のシープメドウも、ピクニックに人気の芝生エリアです。

ピクニックの必需品は、敷物や折り畳みの椅子。大きなビニールシート、大きな布、毛布などを持ってきて、芝生の上に敷いたり、好きなところに置いたり。あるカップルは寝転んで日光浴をし、ある人は読書を黙々と楽しみます。真夏になれば、水着姿で開放的な気分を味わう人たちも。誕生日パーティーをする家族連れも見かけます。

ピクニックには、近くのデリやスーパーで、惣菜、カットフルーツ、チップス、ナッツ、飲み物などを買ったり、皆が自宅から食べ物を持ち寄ったりして準備します。ただし、アルコールには要注意。ニューヨーク市では、アルコール飲料を公の場所で飲むことは、合法年齢の21歳以上であっても違法行為なのです。

その昔、セントラルパークは整備不足によって、地元民からは見向きもされなくなっていた時代がありました。1934年より、当時のニューヨーク市長の側近だったロバート・モーゼスが公園内の整備を推進し始め、芝地、子どもの遊び場、野球場、車道を設けていきました。※今、人々の素敵な憩いの場となった公園で、ニューヨーカーたちはピクニックをしながら大地からのエネルギーを受け取り、明日への鋭気を養っているのかもしれません。

※ ロバート・モーゼスの功績。“The Power Broker: Robert Moses and the Fall of New York”（Robert A. Caro, 1974,Vintage）
ロバート・モーゼスは、1934年にシープメドウの羊の管理小屋を「タバーン・オン・ザ・グリーン」というレストランに変身させ、羊がいた場所から羊を移動させて、憩いの場となる芝地を作った。1937年には彼の管理の下、グレートローンをオープンさせた。

# ニューヨークのピザがおいしい理由

## PIZZA

ニューヨークでまず思い浮かぶ食べ物と言えば、ピザ。子どもから大人まで、みんな大好きです。街中では、通りを歩きながら、片手でピザを食べている人もよく見かけます。子どもの誕生日会には必ず登場し、オフィスでも、スタッフのお別れ会やパーティーに、大きなホールのピザが並ぶのが定番です。

ニューヨーカーはみんな、お気に入りのピザ屋さんがあります。決め手はクラスト（ピザの生地）です。やや厚め、薄めで少しカリカリ、もちもちした食感というように、好みは人それぞれ。およそ1600軒のピザ屋がニューヨーク市に登録されています。[※1] 私のお気に入りは薄めでカリッとしたクラストですが、ときにはもちもちのクラストも恋しくなります。

WWW.LITTLEITALYPIZZA.COM
PIZZA
CHEESE
GRANDMA
SICILIAN WHITE
SICILIAN RED
SAUSAGE
PEPPERONI
MUSHROOM
BAKED ZITI
FRESH MOZZARELLA
WHITE BROCCOLI
MEATBALL
PEPPERS & ONION
VEGETABLE
WHITE SPINACH
CHICKEN RICOTTA
CHICKEN TOMATO
ITALIAN SPECIALTIES
COCA-COLA BEVERAGES
SALADS
VISIT OUR OTHER LOCATIONS THROUGHOUT NEW YORK CITY
958 3RD AVENUE
2416 BROADWAY
PIZZA
Little Italy PIZZA
PROUDLY SERVING Coca-Cola
Little ITALY PIZZA
GRANDMA PIZZA
BAKED ZITI PIZZA
CHICKEN BACON
SICILIAN
THE WORLD FAMOUS Little ITALY PIZZA GOURMET PIZZA
Little Italy

定番のピザは、生地の上にマリナラソースをかけ、その上にチーズをたっぷりのせたもの。「チーズスライス」または「レギュラースライス」と呼ばれています。また、健康志向で、動物性チーズを使わないヴィーガンピザを扱う店もあります。ピザ屋の店頭では、直径40センチほどの大きなピザを8等分にスライスして売っています(子どもの誕生日会では、16等分にスライスしてもらうこともできます)。

紙皿からはみ出すほど大きなスライスを1枚食べれば、私は十分にお腹が満たされますが、さまざまなトッピングのピザが目の前に並ぶと、ついつい、1枚は野菜のトッピング、もう1枚は肉系でペパロニのトッピングのもの、と何枚も平らげてしまうこともしばしば。

また、乾燥した気候のせいか、ニューヨークのピザには、不思議とコーラのような炭酸飲料がよく合います。大人数でのピザランチやパーティーの際には、必ず2リットルボトルの炭酸飲料も一緒にデリバリーしてもらいます。小腹が空いたら、ピザで腹ごしらえ。「いつで

も簡単に、手軽に食べられる、みんなが大好きなもの」の王座に輝くのがピザなのです。

そんなニューヨークのピザは、「他州で食べるよりも特に生地がおいしい」という噂を聞いたことがあります。友人曰く「その理由は、ニューヨークの水道水のおかげ」。彼女によると、ニューヨークでピザ屋を営んでいた知り合いが、引っ越してカリフォルニア州でピザ屋を再オープンしたそうです。しかし、カリフォルニアでは以前と同じおいしいピザを作れず、困った末にニューヨークの水道水を送ってもらい使い始めると、元どおりのおいしさに戻ったというのです。

また最近、マンハッタンからフロリダ州に引っ越した別の友人も、フロリダであちこちのピザ屋を試し、ようやくおいしいピザ屋を見つけたそう。おいしさの秘訣をピザ屋のオーナーに聞いたところ、「生地をこねるのにニューヨークの水道水を使っている」とのこと。さらに、自他ともに「ニューヨークピザ評論家」の知人も、「ニューヨークの水道水のおかげで、僕たちはおいしいピザにありつける」と言います。

一度食べたらみんなが夢中になるニューヨークのピザ。その秘密は、もしかしたらニューヨークの水道水にあるのかもしれません。※2

※1 ピザ屋登録数検索サイト
https://a816-health.nyc.gov/ABCEatsRestaurants/#!/Search
※2 ニューヨークの水道水は、そのまま飲めます。
「ニューヨーク市の水道水は、シャンパン級！」とニューヨーク市のサイトで公言しています。
https://www.nyc.gov/assets/dep/downloads/pdf/water/drinking-water/drinking-water-supply-quality-report/2023-drinking-water-supply-quality-report.pdf
“New York City water is the champagne of tap water!”

# 見知らぬ人のくしゃみに「God bless you!」

## GOD BLESS YOU!

日本で、他の人がくしゃみをしたとき「大丈夫?」「寒い?」などと声をかけるのは、くしゃみをした人が家族や友達、同僚など、自分と関係がある人の場合に限られていると思います。

でもニューヨークでは、くしゃみをすると全く見ず知らずの人たちからも、「God bless you!」または「Bless you!」と言われます。これは「あなたに神のご加護がありますように。あなたによいことが起こりますように」と伝える場合にも使われる慣用句です。

地下鉄やバスで、隣や目の前の人がくしゃみをしたら「God bless you!」。通りすがりの道行く人にも「Bless you!」。こんなふうに、そこかしこで、くしゃみのたびに「Bless you!」が聞こえてきます。ニコッと笑って視線を合わせて言ってくれる人もいれば、まるで、おまじないをかけるかのようにそっと言う人や、独り言のようにぼそっと言う人もいます。

他のケースとしては、ドイツ語で「健康」を意味する「Gesundheit!（ガズンタイト）」と言われることもあります。

いずれの場合も、言われたら必ず「Thank you!」と返します。目と目が合ったら、ニコッと笑顔も添えます。

見知らぬ人から声をかけられる心の準備と、「Thank you!」がすぐに返せるように心がけたいものです。

# 仕事も恋愛も、好きなことに生涯現役

NEVER TIRED

ニューヨークに来てから、特に年齢にかかわらず魅力的な人にたくさん出会いました。

例えば私のヘアスタイリストさん。日本ではヘアサロンのオーナーでした。52歳でニューヨークに移住して、22年後の現在も現役で働いています。他にも、週に2～3回、テニスを教えている82歳のアメリカ人女性。彼女は娘から同居を求められても、元気なうちは1人が気楽だからと同居を断り続け、1人暮らしを楽しんでいます。さらに、お習字とピアノを教える101歳の日本人女性もいます。彼女は最近、念願のYouTuberになって、好きな動画を撮ってはご機嫌な毎日を送っています。

みんな、年齢的にはもう年金で生活できても、社会と関わっているのが楽しい、周りから元気をもらえるからと、仕事や趣味の活動を積極的に続けています。

かつて、特に私の憧れだった女性が、ニューヨークにいました。彼女の名前はバーバラ・キャロル（Barbara Carroll）。1925年生まれのジャズ・ピアニスト、シンガーで、2017年2月に92歳で亡くなりました。91歳まで現役で、ずっとピアノを弾きながら歌っていました。彼女の歌声と美しさに惹かれて、彼女のショーを見に行ったことがあります。

彼女は86歳（87歳とも）で、2歳年上のマークさんと3度目の結婚をしました。知り合った当初、彼は毎週花束を持って通っていたそうです。好きな仕事をずっとして、好きならいくつになっても結婚する。私は、仕事も恋愛も一生現役だった彼女の生き方が大好きです。

そんなニューヨークでは、マッチングアプリでのパートナー探しはいくつになっても盛んです（P42）。60代、70代、80代でも、ときめきがいっぱいで、意欲的にデートを重ねる人たちがいます。

ニューヨークを舞台にした映画『プラダを着た悪魔』(2006)では、ベテラン編集長のミランダが、新米アシスタントのアンディに向かって、「自分の第一アシスタントのエミリーを差し置いてパリに行くかどうか、「The decision's yours.」(決めるのはあなた)」と言っています。

ニューヨークでは、年齢という数字を気にせず、自分で決めて、自分で選んだ毎日を楽しんでいる人が多いようです。ここではいくつになっても、皆、「生涯現役」の人生を楽しんでいます。

# 「自由」を象徴するジャズ

## FREEDOM

ニューヨークはジャズの本場です。ジャズ発祥の地はアメリカ南部のニューオリンズ。やがてシカゴ、カンザスシティ、デトロイトでも盛んになっていき、ニューヨークでも、経済が発展するにつれ、ビジネスチャンスを求めて世界中から多くのジャズミュージシャンが集まってくるようになりました。

音楽を演奏する人たちにとって、「楽譜」は演奏中のコミュニケーションの土台です。でもジャズにおいては、それぞれのミュージシャンがその土台の上で、自分の感覚を、自分でアレンジして表現するのです。

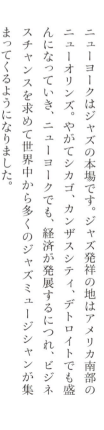

私はニューヨークでたくさんのジャズに触れるうちに、楽譜はあっても、そこにはそれぞれのミュージシャンの「自由」があることを知りました。演奏中、互いに好き勝手に音を鳴らしているのではなく、自分ならではの表現をしつつ、相手の表現も認め合いながら一緒に音を奏でる様子は、「阿吽の呼吸」で成立しているように思えます。

ニューヨークでも、コロナ禍で閉店するジャズクラブがありました

が、老舗のジャズクラブは、今でも健在です。

例えばヴィレッジヴァンガード（Village Vanguard）。１９３５年創業の、最古のジャズクラブです。オーダーはドリンクのみで、収容人数は１３２人。地上の入口を入るとすぐに階段があり、降りてゆくとステージのある店内が。まるでどこか秘密の地下室を訪れるような気分になります。

また、地下鉄が走ると足元が揺れることでも有名。でも、誰も文句は言いません。ここで、過去１００枚以上の生演奏がレコーディングされてきました。天井は低く小さな空間なのですが、ステージは小さいものの、客席からは目と鼻の先ほどの距離にあるので、迫力たっぷりの演奏を堪能できます。正面の席、バー、壁際と、どこの席に座っても、観客は「すべて」の音が聞こえる素晴らしい音響に大満足します（地下鉄の音も含まれますが）。

日本にも支店があるブルーノート（Blue Note）は、１９８１年、グリニッジ・ヴィレッジに開店したジャズクラブです。ジャズを基軸としながらも、新しいスタイルの音楽もカバーしています。

バードランド（Birdland）は１９４９年創業。サクソフォーンプレーヤーのチャーリー・パーカー（Charlie Parker）のニックネーム「Bird」が、クラブ名の由来です。閉店と開店、移動を経て、今はミッドタウンに店を構えています。

BIRDLAND
Quiet Please!

また、トランペッターのディジー・ガレスピー（Dizzy Gillespie）にその名をちなむディジーズクラブ（Dizzy's Club）は、2004年創業の比較的新しいクラブです。提供されるアメリカ南部のおいしい食事もさることながら、天井から床までガラス張りのステージで、その後方に見える眺めは最高です。

日本と比べると、ニューヨークには気軽にふらっと立ち寄れるジャズクラブが多いように思います。週末にブランチを楽しみながらライ

ブでジャズが聴けるレストランも、1人でお酒を片手に純粋に音楽だけを楽しむバーも、たくさんあります。街中にジャズがあふれています。

店によっては、ジャムセッションやオープンマイクの時間を設定しています。アマチュアのミュージシャンが飛び入りで演奏して、それをお客さんも楽しみます。

また、毎年夏の夕方、アッパーウエストサイドのグラント将軍墓地の建物の前では、無料で開催される「Jazz Mobile」というイベントがあります。とても人気があり、地元の人はビーチチェアを持ってきて、ピクニック気分でジャズを楽しみます。著名なミュージシャンが出てくることもあります。

アドリブいっぱいのジャズの世界は「自由」が基本。でも、目と目でしっかり会話をしながら、相手の「スペース」をリスペクトしつつ演奏する。そんなジャズミュージシャンを見ていると、まるでニューヨーカーが、街中で他の人とぶつからずにうまく歩いている様子が思い浮かびます。

# ペットフレンドリーな社会

PET

ニューヨーク市は、ペットフレンドリーな環境が多く、公共交通機関でも犬や猫を連れている人たちを見かけます。マンハッタンだけでも、市が設けているドッグランは38か所あります。通りを歩くと、店舗の入口に、ペット用の飲み水のボウルを置いているところも。おしゃれなペットショップでは、レインコート、散歩用の靴やキャリアーもたくさん取り扱っています。

２０１８年、ニューヨーク市はブルックリンに、ペットと入居できるシェルターを設置しました。パートナーからＤＶを受けている被害者が自分の身の安全を守るための施設ですが、ペットも一緒に入れるのです。

さらにブロンクスにはそんな被害者や、一般のホームレスのペットと一緒に入居できるシェルターも誕生しました。

これまで、シェルターに入りたくても、ペットを置き去りにしていけない、ペットと別れたくないといった理由で、パートナーとの関係を

断ち切ることができなかった人たちや、シェルターに移らないと生活が難しい人たちに、希望の光をもたらすことになりました。「ペットは家族の一員として、なくてはならない存在だ」という考え方が広まっているのです。

今後、ペットと一緒に生活をするニューヨーカーがますます増えてくると、犬の散歩を代行するドッグウォーカー（P22）やペットシッターの需要も、ますます高まっていくのだと思います。

# クリスマスツリーへの憧れ

## CHRISTMAS TREE

毎年11月の第4木曜は、サンクスギビング・デー（感謝祭）で、国の祝日。この時期になると、歩道のあちこちに木枠が設置され、クリスマスツリー屋が出店準備にとりかかります。大小さまざまな野生の針葉樹が木枠に立て掛けられ、サンクスギビング・デーが終わった1か月後のクリスマスに向けて、街に華やかさが増します。こんなにたくさん並ぶのかと驚くくらい、たくさんのクリスマスツリー屋が出店し、お店の前を通ると、針葉樹のよい香りに包まれます。

クリスマスは、街に繰り出せば誰もが心躍るシーンがあふれています。ロックフェラーセンターの大きなクリスマスツリーはやはり圧巻。ライトの点灯式当日は、身動きもできないほどにぎわいます。5番街にある老舗の高級デパート、サックス・フィフス・アヴェニュー（Saks Fifth Avenue）のホリデーライトショーは、大音量とともに、きらびやかな光景に気持ちも華やぎます。

また、ロックフェラーセンターのツリー近辺のオフィス街にあるラジオシティ・ミュージックホール（Radio City Music Hall）では、クリスマス恒例の「ラジオシティ・クリスマス・スペクタキュラー（Radio City Christmas Spectacular）」というミュージカルが開演。クリスマス気分を存分に味わうことができます。12月に入ったら、薄暗くなる頃からこのあたりを歩き回るだけで、華やかなクリスマスムードを満喫できるのです。

我が家では、クリスマスには、取り出しも片付けも簡単・便利な、小さなプラスティック製のクリスマスツリーをテーブルの上に飾っています。本物のもみの木のツリーを見たければ、ロックフェラーセンターや公園にもあるからと、割り切っています。

今はそんな私も、かつては本物のクリスマスツリーに憧れて、自宅に飾っていたこともありました。サンクスギビング・デー前後にクリスマスツリー屋の前を通ったとき、針葉樹のよい香りに誘われてしまい、１８０㎝のツリーを購入したのです。「部屋の中で森林浴気分を楽しむぞ！」とワクワクしたのもつかの間、当時、一緒に暮らしていた猫が、ツリーの下で、前足で何かを潰すような動きを見せたのです。床には茶色い虫が。なんと、ゴキブリでした。その後も悲惨なことに、ゴキブリは毎日クリスマスツリーの中から湧き出てきました。

結局、クリスマスツリーを眺めながら幸せな気分に浸れたのは半日ほ

ど。憧れは憧れのまま、街中やお店の前で眺めて楽しむのがよいのかもしれません。ちなみに私の友人も同じ経験をしたそうで、以降は野生のもみの木のクリスマスツリーは、家族に請われても、絶対に買わないと決めたそうです。

子どもも大人も、心が湧き立つ12月。街では「Happy Holidays!（よい祭日を）」という、宗教にとらわれない挨拶が交わされます。

RADIO CITY
MUSIC HALL
RADIO CITY
MUSIC HALL
Hall RADIO CITY Music
CHRISTMAS SPECTACULAR STARRING THE RADIO CITY ROCKETTES
NYPD
NYPD
NYPD

GRAND CENTRAL TERMINAL

NEW YORK

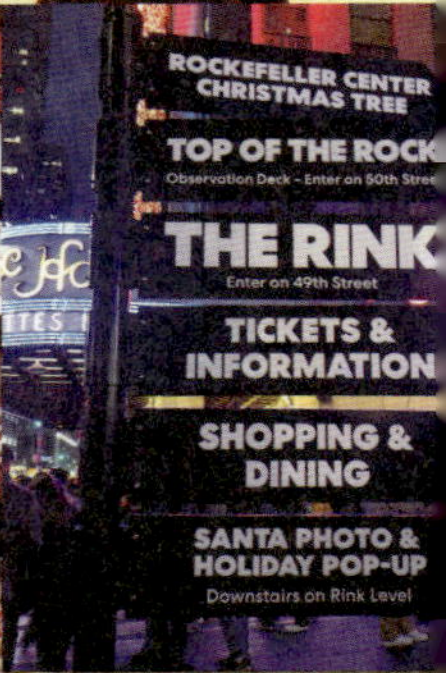
ROCKEFELLER CENTER CHRISTMAS TREE
TOP OF THE ROCK
Observation Deck – Enter on 50th Stree
THE RINK
Enter on 49th Street
TICKETS & INFORMATION
SHOPPING & DINING
SANTA PHOTO & HOLIDAY POP-UP
Downstairs on Rink Level

# ニューヨークの雨に教えてもらったこと

RAIN

ニューヨークでは、霧雨や小雨のときに傘をさしている人をほとんど見かけません。多くの人がそのまま歩いています。雨に濡れることに対して、とてもおおらかな感じがします。

ただ、私は真っ先に傘をさし始めます。ニューヨークではほとんど見かけませんが、夏は日傘を使うこともあります。

ニューヨークに来た当初は、周りが傘をさしていないのに、自分だけ傘をさすのが恥ずかしくて仕方ありませんでした。周りに合わせようとする癖がつい顔を出し、気まずくて、落ち着かなかったのです。でも周りに合わせて傘をささずに歩いてみると、濡れて湿気を吸った私の髪はどんどん膨らんでしまい、大変なことになりました。そこで、勇気を出して、周りがさしていなくても傘をさすようになりました。

そうこうするうちに、やがて、過剰に他人の目を気にすることがなくなっていました。ふと、そんな自分を発見したとき、「これでやっと私もニューヨーカーになれたかな」と、こっそり笑った覚えがあります。

傘をさしたければ、傘をさす。周りの目を気にする必要は全くない。自分に優しく、心地よいことを自分にしてあげることが大事だと、ニューヨークの雨は教えてくれました。

ONE WAY

NEWYORK L'IFESTYL'E

# PART 4

## NYをもっと深めるモノ・コト20

# 20 UNIQUE FEATURES IN NEW YORK

N.Y. SMALL GOOD THINGS 20

# 01 黄色いものたち

ニューヨークでは、ふと気がつくと「黄色」に囲まれています。これらのアイテムは、ずっと変わらず黄色のまま。なぜ黄色なのか。黄色の背景に黒の文字のコンビネーションは、視覚に訴える色の組み合わせですが、そんな合理的な理由による配色なのか。長年変わらずあり続けるイエローアイテムを紹介します。

## 1

### 黄色い鉛筆
（イエローペンシル）

学校の試験ではHBの濃さの「#2」の鉛筆が求められます。紙に引っかかるほど芯が滑らかではないこともありますが、文字が書ければ、滑らかさまではさほど求められていないようです。図書館や美術館の記入台に備え付けの鉛筆や、レストランで注文票に記入するために用意される鉛筆は、必ず黄色。販売されている黄色い鉛筆には消しゴム付きもありますが、芯と同様、きれいに文字を消せるほど滑らかではありません。

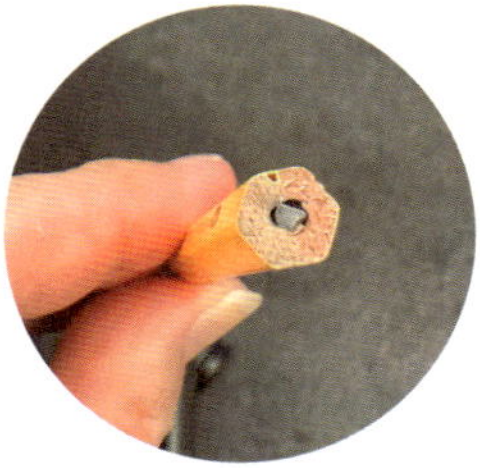

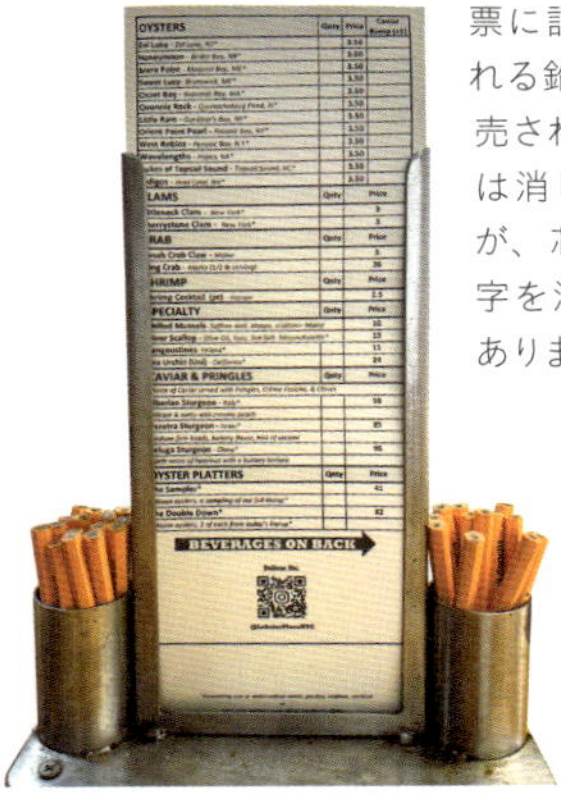

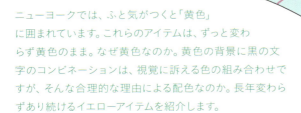

2

## 黄色いノートパッド

オフィスの定番アイテムです。白もありますが、圧倒的に淡い黄色が主流。紙質はよいとは言えず、印刷された罫線もたまに線が見えないこともあります。紙の裏側にも罫線が引かれていますが、裏側を使う人はあまり見かけません。

3

## 黄色いタクシー
（イエローキャブ）

最近ではスライド式ドアの車種も使われています。ドアの開閉は自分で行うため、特に降りたとき閉め忘れのないようにします。シートはビニール製。車体に書かれている文字は黒です。

4

## 黄色いスクールバス

小中学校の通学に使われるバスも、昔から黄色です。約 12 メートルの長さの大型バスには 50 人ほど乗れますが、その半分またはそれ以下のサイズのバスもあります。タクシー同様、車体に書かれている文字は黒です。

880
DELI
GROCERY
DELI
GROCERY
WE ACCEPT
FOOD STAMPS
DELI GROCERY
& SODAS • HOT & COLD SANDWICHES • CIGARETTES & CANDIES • COFFEE CUP • NEWSPAPER
AMH
EBT

N.Y. SMALL GOOD THINGS 20

# 02

## ボデガ（Bodega）

スペイン語で「ワイン貯蔵庫」を意味する「ボデガ」。「個人経営のコンビニエンスストア」のような店舗で、中心地から離れ、アパートが密集している地域や地下鉄の駅の周辺でよく見かけます。1920年代にプエルトリコからの移民により広まった店の形態のようで陽気なラテン音楽が流れていることも多く、英語圏ではない店内の雰囲気に、ニューヨークではない場所に来たような印象を持ちます。

店内にはパン、ミルク、卵、缶詰、野菜や果物、スナック菓子などの食料品、トイレットペーパーや洗剤などの生活雑貨全般、タバコなどがびっしりと並び、宝くじもあります。また、本来は違法ですが、ネズミや害虫駆除のため猫を住まわせているボデガも多く、「猫がいる小さなコンビニエンスストアをボデガと呼ぶ」と思い込んでいる人もいます。

ニューヨーク市保健精神衛生局では、レジが2台以下、ミルクの販売、肉やスナック菓子だけなど特定の食品のみを扱う専門店ではないことを、ボデガの基準として位置付けているようです。特に昔は、大きなスーパーマーケットが近くにない不便な地域でも、栄養不足が起きないように食品を提供するという大事な役目を果たしていたと言われています。

ほとんどが24時間営業ですが、コロナ禍以降、現金強盗などの事件に巻き込まれる店も出てきたため、2023年12月、市はボデガのオーナーに銃器を隠し持つことを認めました。

# 03 厳格に義務付けられた暖房の温度

N.Y. SMALL GOOD THINGS 20

ニューヨークには古いビルも多く、室内の温度が適度に保たれていることが当たり前とは言えません。ニューヨーク市は、毎年10月1日～翌年5月31日の期間を「Heat Season（暖房の季節）」と呼び、ビルの持ち主に、午前6時～午後10時まで、外気が55°F（12.78℃）以下の場合、室内の温度が68°F（20℃）以上であること、また午後10時～午前6時の間は、外気温にかかわらず、室内の温度が62°F（16.67℃）以上であることを義務付けています。さらに、年間を通して120°F（48.89℃）以上の温水をテナントに提供することも義務付けられています。※1

暖房はパイプを通してスティームで供給されます。スティームが入るとき、アパートによっては「ガタンガタン」「カクンカクン」という大きな音が響き渡り、その後「シュー」という蒸気の音に変わります。

暖房が効きすぎるアパートでは、窓を少し開けていないと暑すぎることも。暖房が入らない時間が続くと、部屋が適温に達しないこともあります。

そこでニューヨーク市では、「暖房の季節」の間、室内が適温に達しない場合は、オンラインまたは電話で市に連絡をするように推奨しています。市に連絡をすると、その後、急にアパートの室内の温度が上がり始めます。

近代的なビルに関してはトラブルは少ないようです。

ニューヨーク市は、厳しい寒さの冬を市民が乗り越える応援をしてくれています。※2

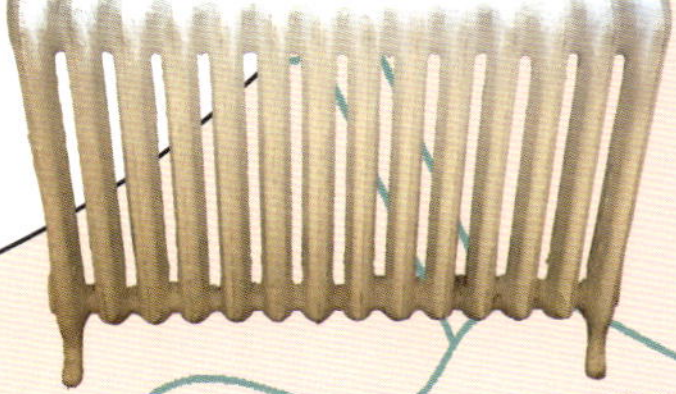

※1 華氏と摂氏の変換式
℃＝（°F-32）×5/9
※2 ニューヨーク市のアパートの暖房と温水
https://www.nyc.gov/site/hpd/services-and-information/heat-and-hot-water-information.page

# 04 アンバーアラート（Amber Alert）



「アンバーアラート」とは、18歳未満の子どもの誘拐事件が起こったときに発動され、スマホの画面にメッセージが表示される警報です。「ビービー」と突然けたたましい音量で鳴り響き、画面には、「事件」の詳細が記されています。例えば、「X歳のYという名前の女の子が、Zから車で連れ去られました。車種とプレートの番号は……。連れ去った人物の名前は……。見かけた方は、すぐに警察に連絡してください」といった内容です。

このシステムがスタートしたきっかけは、1996年にテキサス州で9歳のアンバー（Amber）ちゃんという女の子が誘拐された事件です。警報の名前である「AMBER」は、「America's Missing: Broadcast Emergency Response（アメリカ行方不明者：緊急警報）」の、各単語の頭文字を組み合わせた名前と、アンバーちゃんをかけています。

このシステムは、州ごとに管理されていて、ハイウェイの電光掲示板、テレビ、ラジオでも事件の概要が流される仕組みです。過去の痛ましい事件の教訓をもとに、市民にも喚起を促して事件を迅速に解決することが目的です。

# 05 ウォータータンク（貯水槽）

N.Y. SMALL GOOD THINGS 20

ニューヨークの空を見上げると、ビルの屋上に円筒形の木製の樽が設置されているのを見かけます。これは、水を貯めるウォータータンクです。

1800年代後半、ニューヨーク市は6階建以上のビルにウォータータンクの設置を義務付けました。また、そのビルのオーナーは、最低1年に1回はタンクの安全検査とタンク内の水質検査を行い、市に結果報告をしなければいけません。その結果もオンラインで市民が閲覧できます。そして、たった3つの家族経営の会社が、ニューヨーク市のウォータータンクの設置と修理をすべて担っています。

新しく建てられたビルにも、木製のウォータータンクが好んで設けられているようです。鋼鉄製に比べると木製は費用も安く、水の味もおいしいらしいのです。1つのタンクは修理を重ねながらおよそ30年は使われるそうです。鋼鉄製のタンクは、夏は中の水温が高くなり、冬は外気が低くなると凍ってしまうため屋内に設置され、外からは見えません。タンクの中の上のほうの水は飲料用、底のほうの水は消防用に使われています。

100年以上ずっと変わらずにビルの屋上に置かれている木製のウォータータンクは、ニューヨークの象徴的存在です。

# 06 個人が所有するパブリックスペース

N.Y. SMALL GOOD THINGS 20

2024年9月時点で、ニューヨーク市には、個人が所有・管理している公共のスペースが590か所以上あります。そのほとんどが、マンハッタンのミッドタウンとダウンタウンの、オフィスが密集している地域にあります。

「POPS（Private Owned Public Space）」というこの公共のスペースは1961年から導入され、クイーンズやブルックリンにもでき始めています。不動産開発業者は、POPSとして一般に場所を提供することを市に申し込み、認可を受けることで、ビル建設の際、床面積の増加ができる優遇措置を受けられます。POPSのスペースには、ロゴの付いたサイン、開放時間、場所の所有者の連絡先を表示しておくことが必須で、屋内外、テーブルやベンチ、植物、人が集合できる場所を備えている等、いろいろな形態があります。

土地の少ないマンハッタンでは、市、ビルの所有者、市民など、みんなにとってウィンウィンなこのスペース。コンクリートジャングルの中で生活する人々に憩いの場を提供してくれています。このスペースがあるからこそ、市民はベンチに座って友達とおしゃべりしたり、1人で黙々とランチしたりできるのです。

Open Daily
7:00 am to 11:00 pm
OPEN TO PUBLIC
550 MADISON AVE
SPRINKLER
FIRE DEPARTMENT
CONNECTION
COMBINATION
STANDPIPE &
SPRINKLER SYSTEMS
FLOORS SERVED
Studio C to Studio A
FLOORS SERVED
Standpipe: Entire
Sprinkler:
Ground to Roof

BLACK FOX COFFEE

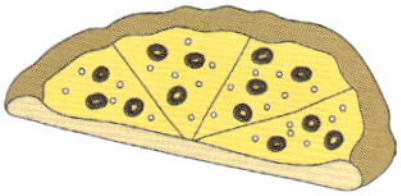

Photo Credit: Sam Kulock

07

N.Y. SMALL GOOD THINGS 20

# 長蛇の列

アイスクリーム、ベーグル、パン、ピザ……。「この店のこれがおいしい」と聞けば、グルメに目がないニューヨーカーたちは列に並ぶことを厭いません。

マンハッタンのグリニッジ・ヴィレッジの住宅街に囲まれたワシントン・スクエア公園は、近くにあるニューヨーク大学の学生や市民、観光客の憩いの場。ここは、インド料理の屋台に長い行列ができることで有名です。注文を受けてから焼き始める、お米と豆を発酵させた「ドサ」というパンケーキ風の生地が人気の理由。30分から1時間は列に並ぶことになります。

グルメだけではありません。入場無料の日の美術館や博物館には長い列ができます。ユダヤ博物館（Jewish Museum）では、毎週土曜日と一部のユダヤ教の祝日は、終日入場無料。18歳未満の子どもも無料で、子どもも大人と一緒に列に並んでいます。

ニューヨーク近代美術館（MoMA）も、ニューヨークの居住者に限られますが、金曜日午後4時～午後8時は無料で入場できるため、行列ができます。

また、タイムズスクエアで行われる夏至ヨガイベント参加者は、スポンサーのブースエリアに長い行列を作り、さまざまなフリーサンプルをもらいます。

行列がまた人を呼び込むという宣伝効果にもなっているようで、長い列に並んだ後のご褒美を期待して、ニューヨーカーはあちこちで楽しそうに行列を作っています。

# 08
N.Y. SMALL GOOD THINGS 20

# 生誕100周年！ブルックリンの「サイクロン」

ニューヨークのコニーアイランドは地下鉄で行けるビーチです。昔は島だったので、アイランドと呼ばれていますが、19世紀末の埋め立て工事によりロングアイランド島の南西の端にある半島になりました。ブルックリンの終着駅コニーアイランド - スティルウェル・アヴェニュー を降りて徒歩数分で、大西洋が目の前に広がります。

ボードウォーク沿いには、軽い食事ができるレストラン、遊園地、水族館があり、そこで存在感を放つのが、ブルックリンのアイコン的存在、木製ローラーコースター「サイクロン」です。1927年にお目見えし、今でも現役で活躍しています。

瞬間最高時速は、なんと96km。ルナパーク遊園地内にあり、海や遊園地の周りの景色を見ながら、スピード感を楽しむことができます。1988年には、ニューヨーク市の「歴史的建造物（ランドマーク）」に指定され、1991年には、アメリカ合衆国の文化遺産保護制度のもとで、「アメリカ合衆国国家歴史登録財」にも認定されました。

サイクロンの乗り心地は、決してよくはありません。そのスピードにもまして、ガタガタと揺れる音は乗客の恐怖心をそそるものがあります。乗るときは覚悟しましょう。

LUNA PARK
CYCLONE
Tickets
FREE FIREWORKS!
RIGHT ON THE BOARDWALK
PHOENIX
BUMPER CARS
Open weekends April, May, September and October
Open 7 days a week Memorial Day thru Labor Day

# 09 ニューヨーク・スニーカー物語

N.Y. SMALL GOOD THINGS 20

1980年4月、ニューヨーク市全域で、ニューヨーク市都市交通局の地下鉄とバスの組合労働者のストライキがいっせいに発生しました。賃上げをめぐり、交通機関が10日以上ストップしたのです。交通機関が利用できず、近郊からマンハッタンのオフィスに通勤する女性たちは、以前よりも歩く距離が増えました。そこで、白いソックスにスニーカーという装いで通勤し始めました。オフィスに着いたらハイヒールに履き替え、帰宅するときはまたスニーカーに履き替えるというスタイルが当たり前になったようです。その後ストライキが終わっても、マンハッタンのオフィスで働く女性たちは、ハイヒールをバッグに入れてスニーカーで通勤するようになりました。1984年、あるライターとプロデューサーがこの光景を目の当たりにしたことで、映画『ワーキング・ガール』(1988)が誕生したそうです。ニューヨークを舞台にしたラブ・ロマンティック・コメディで、頑張り屋の主人公が秘書から会社のトップにのし上がっていくというストーリーですが、通勤中のフェリーの中で、主人公がスーツに白いスニーカーと白いソックスを履いています。

今では、ファッション性と、スポーツ用、ウォーキング用といった機能性とを兼ね備えたスニーカー。ワンピースやスーツにもコーディネートして履く時代となりました。でも、もともとは、1980年にニューヨークのオフィスで働いていた女性たちがこのコーディネートの始まりのようです。

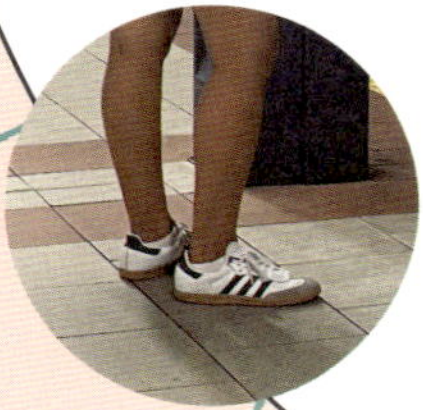

# アパートの外階段（ファイアー・エスケープ）

N.Y. SMALL GOOD THINGS 20

10

映画『ウエスト・サイド物語』（1961）では、主人公のトニーとマリアが、アパートに取り付けられた外階段でこっそり会う、とてもロマンチックなシーンがあります。

こんなふうに、ニューヨークのアパートにはよく外壁に避難用の外階段が取り付けられています。これは1860年、ニューヨーク市がアパートの外壁に避難用の外階段を設置することを義務付けたからです。つまり、この階段やバルコニーは、火事などの際に安全な逃げ道を確保するためのもの。しかし、地面に近い2階部分などに取り付けられた梯子の部分は、杖など何らかの道具を使えば簡単に手が届いてしまいそうな建物もあり、実際に外階段を悪用して外からアパート内に侵入される事件も起こりました。

自分の身は、自分で守る。暑い夏の夜もきちんと窓を閉めてしっかり鍵をかけ、クーラーをつけて寝る。『ウエスト・サイド物語』のシーンにうっとりと夢を見る時代は、とうに過ぎ去ってしまったようです。

VILLAGE VAPE & CIGAR
Smoke Shop

Photo Credit: Adam Joly

N.Y. SMALL GOOD THINGS 20

# 11 道の真ん中に鎮座する氷河時代の岩

クイーンズのロングアイランドシティの通りの真ん中には、氷河時代の名残の大きな岩が飛び出しているところがあります。この岩の底辺は、17m×11m、高さは約1.5mで、道の真ん中を占領している邪魔な存在に見えます。この岩があるせいで、車は往来ができません。

このあたりは、今でも小さな工場が立ち並ぶエリア。人通りは少なく、従業員の駐車場も兼ねる通りで、夕方には、避けて通りたい場所でした。ところが2019年、この通りがきれいに舗装され、岩の周りやあたり一体が鮮やかな水色でペイントされました。岩の周りが水色に塗られたことで、まるで島か氷山が水面から浮き出ているように見えます。近くには木製ベンチ、テーブル、パラソルや樹木も置かれ、行きかう人々の憩いの場となったのです。実はこれ、市の交通局が地元と協力して、十分に活用されていない通りを市民がくつろげる公共空間として利活用できるようにする「ストリート・シーツ・プログラム（Street Seats Program）」という取り組みの1つ。3～12月がオープン期間となっていますが、冬の間もオープンして、イベントを開催することもあるようです（2024年8月現在）。

# 12 移民の食事を支える老舗



ニューヨークでは、外食やデリバリーに頼る人がたくさんいます。多忙だからといった理由だけではありません。「今日は、何の料理を食べよう？」というセレクトの楽しみもあるからです。ニューヨークでは、世界中から集まった移民の生活を支えてきた各国の食事が、そのまま次の世代へと伝えられ、今も多くの人たちに愛され続けています。

## RUSS & DAUGHTERS

ラス・アンド・ドーターズ（ベーグル専門店）

179 East Houston Street, New York, NY 10002
127 Orchard Street, New York, NY 10002
502 West 34th Street at 10th Avenue, New York, NY 10001
141 Flushing Avenue, Brooklyn, NY 11205

1914 年の開店以来、4 代にわたってマンハッタンのローアーイーストサイドでユダヤ人の食べ物を提供する、ニューヨークの草分け的存在。番号札を取って、順番に注文します。ベーグルやサンドイッチのテイクアウトやサーモンをスライスしてもらう人などが並びます。徒歩数分のところにあるカフェでは、テーブルサービスを提供。定番メニューのベーグル＆スモークサーモンのサンドイッチは、それぞれのパーツ（ベーグル、サーモン、クリームチーズ、トマト、オニオン、ケーパース、ディル）がトレーに分けて盛られてくるので、自分だけのお気に入りを作ることもできます。

Photo Credit: Manami Narita

## KATZ'S DELICATESSEN

カッツ・デリカテッセン（デリ）

**205 East Houston Street, New York, NY 10002**

1888年創業のデリ。1910年に原型となる店舗がオープンしました。20世紀初頭、ローアーイーストサイドに増えてきたヨーロッパからの移民の中心的存在になりました。巨大なビーフパストラミサンドイッチが大人気です。

## KEENS STEAKHOUSE

キーンズ・ステーキハウス（ステーキ専門店）

**72 West 36th Street, New York, NY 10018**

1885年創業。ヘラルド・スクエアのシアター街に位置していたこともあり、昔はシアター関係のライター、プロデューサー、出版関係者、記者でにぎわっていました。今は、ファミリー、ビジネスパーソンとさまざまな人たちに愛されています。薄暗い店内の天井には、著名人の使ったパイプのコレクションがびっしり。「わらじ」のような巨大ステーキや、サイドディッシュは、大人数でシェアします。

Photo Credit: Manami Narita

## VENIERO'S PASTICCERIA & CAFFE

ヴェニーロズ・パスティチェリア・
アンド・カフェ（イタリアンケーキ）

342 East 11th Street, New York, NY 10003

店頭に「1894年創業」の看板が掲げられたイタリアンケーキ店。店内の天井にはステンドグラスのデコレーションが施され、レトロな雰囲気をかもし出しています。ニューヨークチーズケーキ、イタリアンチーズケーキ、シシリアンチーズケーキなど、チーズケーキは豊富な品揃え。他にもエクレア、ティラミス、カノリなど、さまざまな種類のケーキが楽しめます。

## THE HALAL GUYS (FOOD TRUCK)

ザ・ハラル・ガイズ・フード・トラック（ハラルフード※）

6th Avenue & West 53rd Street, New York, NY 10019

ミッドタウン・オフィス街のど真ん中にカートを2台並べて営業している、大人気のフード・トラック。イエローライスの上に刻んだチキンやビーフが、サイドには細かくカットされたトマトとレタスが盛られたチキンオーバーライスや、ピタも人気です。あまりの人気で、最近ではレストラン展開も始まりました。

※ ハラルフードとは、動物の屠殺方法をイスラム教の教義に基づいて行ったものとされています。

## SUPER TACOS (FOOD TRUCK)

スーパー・タコス・フード・トラック

96th Street Southwest corner &
Broadway, New York, NY 10025

30年以上ずっとこの場所で営業（午前11時～深夜2時、月曜日は午後5時～）。辛いハラペーニョをほおばったり、甘いタマリンドドリンクを堪能したりできます。本場メキシコ人にも大人気。

街のアート

ニューヨークは言わずと知れたアートの街。至るところでアートが楽しめます。街を歩くときは、足元に注意しながら、上を見たり、下を見たり、遠くを眺めたりしてみましょう。

## 1 BUST OF SYLVETTE

シルベットの胸像（1968）

505 Laguardia Place
University Village
New York, NY 10011 NYC, Silver Towers

パブロ・ピカソ（Pablo Picasso）によるデザイン、カール・ネシャール（Carl Nesjär）による彫刻。ピカソのお気に入りのモデルだった、シルベット・デイヴィッドの胸像。

## 2 RED CUBE レッド・キューブ（1968）

140 Broadway, New York, NY 10006

イサム・ノグチ(Isamu Noguchi)作。大きな真紅の四角いキューブが、街の中で存在感を誇示しています。

# 13 街中のアート鑑賞

3

## ADAM AND EVE SCULPTURES

アダムとイブの銅像（1968）

**10 Columbus Circle, New York, NY 10019 Time Warner Center**

フェルナンド・ボテロ（Fernando Botero）作。高さおよそ3.66m。コロンバスサークルのタイム・ワーナー・センターのビルの正面玄関を入ると、左右に対で立って人々を出迎えています。ユーモラスな裸の巨像はみんなのお気に入り。たくさんの人たちがアダムとイブに触っていきます。

4

## NICKNAME "MINI BEAN"

愛称「ミニ・ビーン」(2023)

**56 Leonard Street, New York, NY 10013**

エィニッシュ・カプール（Anish Kapoor）作。ユニークなデザインのビルの軒先からはみ出した巨大ビーン。正式名称はまだ付いていません。作家のシカゴにある作品 "The Bean" の小型版なので、現在は、愛称で「ミニ・ビーン」と呼ばれています。

## 5 地下鉄Eライン14丁目駅構内

駅の中に入った途端、かわいいブロンズ像があちこちに点在しています。テーマは、“Life Underground”。アメリカ人のトム・オッターネス（Tom Otterness）の作品で、全部で100体以上のブロンズ像は、人々を楽しい気分にさせてくれます。

## 6 グランドセントラルターミナル・マディソン駅 草間彌生の巨大モザイク画

30メートル以上のモザイクタイル画のタイトルは、”A Message of Love, Directly From My Heart unto the Universe”。見るものの目を楽しませてくれます。

## 7 あちこちの駅で

モザイクタイルで駅名が刻まれていることもあります。電車を待っている間、さまざまなモザイク壁画やステンドグラスのアートを楽しむことができます。

## 8 GUGGENHEIM MUSEUM

グッゲンハイム美術館

**1071 5th Avenue, New York, NY 10128**

1939 年設立。1959 年に日本にも造形の深いフランク・ロイド・ライトの設計で、現在の姿の建物になりました。中も螺旋状に通路がつながっています。

建築物

## 9 8 SPRUCE

8スプルース

(2011, Frank Gehry+Gehry Partners LLP)

**8 Spruce Street, New York, NY 10038**

建築物というよりは、もはやアートと言えるデザインの高層ビル。ビルの中には、学校、病院、アパート、商業施設、駐車場があります。

## 10 CHRYSLER BUILDING

クライスラービル

(1930, William Van Alen)

**405 Lexington Avenue, New York, NY 10174**

自動車のクライスラー社（Chrysler Corp.）の本社として建てられた、キラキラと輝いているニューヨークの摩天楼を代表する 77 階建ビル。内装はアール・デコ調です。

## 11 TWA HOTEL

TWA ホテル（旧TWA ターミナル）

(1962, Eero Saarinen & Associates)

**One Idlewild Drive, Jamaica, NY 11430-1962（JFK Airport Terminal 5）**

アメリカの航空会社TWA（Trans World Airlines）が、アメリカン航空に 2001 年に買収されるまで使用していたターミナルビル。ホテルの開業は 2019 年。現在も多くの人たちに愛されています。建築家サーリネンの世界をたっぷりと楽しめる内装が魅力です。

グラフィティ＆ミューラルアート

## 12

ミューラルアートやグラフィティなど、ビルの外壁などによく絵や文字が描かれています。

# 14 歴史に浸れるホテル

N.Y. SMALL GOOD THINGS 20

宿泊しなくても、ふらっと立ち寄ってロビーで芸術品を鑑賞したり、歴史を訪ねたりする楽しみも提供してくれる、有名なホテルがあります。著名人や、ドラマや映画のシーンに思いを馳せながら過ごしてみるのも楽しいですね。

## The Hotel Chelsea

チェルシーホテル

222 West 23rd Street,
New York, NY 10011

1880年代にもともとアパートとして建てられました。レンガ色の壁面が一際目立っています。入口の両脇は、著名人が住んでいたことを記した銘板で飾られています。ボブ・ディランやマドンナも住んでいたことがありました。

こじんまりしたロビーやフロントの両脇の通路にさまざまな画家が寄贈した絵画やオブジェが飾られており、ロビーで絵画を眺めながら、外の喧騒を忘れ一休みすることもできます。

# The New Yorker Hotel

ホテルニューヨーカー

**481 8th Avenue, New York, NY 10001**

1930年に開業した2,500室以上ある大型ホテル。中距離、遠距離バスの発着駅であるポート・オーソリティのすぐそばに建っています。交流電気方式を発明したことで有名なニコラ・テスラが、1933年から亡くなるまでの10年間住んでいました。ロビーに向かって左手奥にある階段で地下1階に行くと、彼の銅像や写真が飾られています。

# Algonquin Hotel

アルゴンキンホテル

**59 West 44th Street, New York, NY 10036**

1902年開業。タイムズスクエアと5番街の間にあります。有名なのは、「ラウンド・テーブル」とこのホテルに代々住む「猫」。1919年の夏から、文豪たちがここのラウンド・テーブルにやってきては、毎日ランチをしながら語り合っていたそうで（ラウンド・テーブルは、今は新しいものになっています）、当時の様子が正面玄関を入って左手の壁に飾られている"A Vicious Circle"という絵画に描かれています。

1923年から猫が住み始め、その後このホテルに居住する猫は代々、メスにはマティルダ、オスにはハムレットという名が付けられるようになりました。フロントのテーブル脇には小さな猫用の家が、フロントの脇の空間にはキャットタワーが用意されています。2024年時点では、ハムレットが住人。運がよければ、有名な猫に会えるかもしれません。

## The Plaza

プラザホテル

**768 5th Avenue, New York, NY 10019**

1907年開業。セントラルパークの南端の向かい側にそびえるホテルで、各界の著名人が訪れることで有名です。映画『ホームアローン2』（1992）の撮影でも使われました。また、このホテルのペントハウスに住んでいるとされる、永遠に6歳で、ピンク色が大好きな女の子「エロイーズ」の絵本が、1955年に出版されました。ホテル内のブティックや、パームコートのアフタヌーンティーのメニューでも、彼女の世界に浸ることができます。

## The Carlyle

カーライルホテル

**35 East 76th Street, New York, NY 10021**

1930年創業。高級ブティックが立ち並ぶアッパーイーストサイドのマディソン街にあります。ここは、JFK元米国大統領がマリリン・モンローとの密会に使っていたとも言われています。ホテルの中のベメルマンズ・バーの壁には、このホテルに住んでいたルドウィッヒ・ベメルマンズの子ども向け絵本の主人公「マデリン」が遊ぶ様子が描かれています。

# 定番人気の商品たち

N.Y. SMALL GOOD THINGS 20

健康志向のニューヨーカーにとってなじみ深い食品や商品はたくさんありますが、そのうち、特に日常的に使われる品を紹介します。

COCONUT AMINOS

15

## ココナッツ・アミノ

ココナッツの椰子の木の樹液と海塩を発酵させた、醤油の代用品です。ココナッツの風味を感じさせませんが、一般の醤油より甘味が強く、砂糖を加えずに煮物ができる優れモノ。色は溜まり醤油のような濃さで、塩分量は一般の醤油の約3分の1です。大豆、小麦、大麦、ライ麦に含まれるグルテンにアレルギーを持つ人たちの他、心臓疾患、高血圧症の人たちからも熱く支持されています。

## APPLE CIDER VINEGAR

### ブラッグのアップル・サイダー・ビネガー

1912年創業のブラッグ(BRAGG)の有機りんご酢。ドレッシングやドリンクとして愛用されています。血糖値、コレステロール値の低下、体重コントロール、免疫強化にも役立つと言われ、健康維持に1日2〜3回、220mlの水に大さじ1〜2杯のアップル・サイダー・ビネガーを飲用することが推奨されています。1回分のドリンク飲料（59ml）もあり、ジンジャー＆ターメリック、キャロット＆ジンジャーといったフレーバータイプもあります。

## ORGANIC SOAP

### ドクター・ブロナーの液体石鹸

1948年創業のドクターブロナー（DR.BRONNER'S）のオーガニックのソープ。固形と液体があり、ペパーミント、ラベンダーの香りが人気です。たいていは希釈して手、体、髪に使い、トイレやバスタブの掃除、食器洗い、ペットにも安全に使用できると言われています。ボトルのラベルには会社理念「人に優しく、地球に優しく」について、びっしりと書かれています。石鹸の香りに癒やされながらバスタブに浸かり、ラベルをじっくり読んでみるのも楽しいです。

# 16 新たに誕生した人工の島とビーチ

N.Y. SMALL GOOD THINGS 20

近年、憩いのスポットが誕生しました。日々忙しいニューヨーカーにとって、大切な癒やしの場として人気を集めています。

## Gansevoort Peninsula

ガンズヴォート・ペニンシュラ

**427-429 Gansevoort Street**
**New York, NY 10014 午前6:00-翌午前1:00**

リトル・アイランドから南側へ５分ほど歩いたところに2023年に誕生した、マンハッタン初の人工ビーチです。泳ぐことはできませんが、ベンチやパラソルも設置されており、人工の砂浜で日光浴や夕涼みをのんびりと楽しめます。対岸のニュージャージー州の南端に目をやると、自由の女神の姿が。また、ビーチの北側にある公園からは、ハドソン川に浮かぶリトル・アイランドの南側全景を眺めることができます。

# Little Island

リトル・アイランド

**Pier 55 in Hudson River Park,West 13th Street, New York, NY 10014 午前6:00-午後11:00**

マンハッタンのミートマーケット地区を西に行くと、巨大なチューリップ型のモチーフを組み合わせたような島が、ハドソン川に浮かんでいます。ここは2021年に誕生した人工の島。アーチ型のゲートは、昔ここが桟橋の入口だったことを偲ばせます。入場は無料で、丘陵の一番上には半円形の階段席に囲まれた舞台があり、無料・有料のコンサート、オペラ、コメディなどが上演され、さまざまなイベントが開催されます。1910年から1935年にかけて、この桟橋は大型客船が出入りする港として使われ、1912年のタイタニック号沈没の際には、救命された人たちが運ばれました。港としての用途を終えた後は、さまざまなイベントも行われていましたが、2012年のハリケーン・サンディで大きなダメージを受け、その後、ニューヨーカーの公共のレクリエーションの場として、新たにこの島が建設されました。今では、草も木も元気に生い茂り、小鳥も遊びに来ています。

# ビールブルワリー 17

ビールブルワリーの中に入ると、ビールを注文するバーカウンター、テーブル席があり、フロアの奥にはビール醸造用の巨大タンクが立ち並んでいます。

このような店は、クイーンズやブルックリンの、たいていは地下鉄の駅から少し離れたところにあります。さまざまなフルーツフレーバーのビールや、苦味の効いたＩＰＡ（インディア・ペール・エール）系のビール等、いろいろな味を楽しむことができます。

メニューはビールのみ、という店もありますが、最近では食べ物を提供する店も出てきました。

初めてのビールブルワリーで、どのビールを選んだらいいかわからないときは、お願いすると、味見をさせてくれる店もあります。どのクラフトビール店も独自のフレーバーを作り出しているので、ビール好きの人たちは、好みの味を求めて訪れ、お気に入りのビールとの出合いを楽しんでいます。

また、缶入りクラフトビールがスーパーでもお目見えするようになりました。

N.Y. SMALL GOOD THINGS 20

# 18 アートギャラリー

アートギャラリーは、アート好きの集まるニューヨークでも人気です。ギャラリーのオーナーが選んだアーティストの作品を展示公開する初日、「ギャラリーオープニング」はたいてい木曜日に行われ、特ににぎわいます（要予約の会場も、誰でも入れる会場もあります）。会場ではアルコールやソフトドリンクなどがよく振る舞われ、新進気鋭のアーティストの作品をドリンク片手に鑑賞できます。

同時に何件ものギャラリーオープニングがあるため、ギャラリーホッピングをする人たちも。ギャラリーは華やかな社交場なのです。アート作品だけでなく、そこに集まるファッショナブルな人たちを観賞するのも楽しみの1つで、ギャラリー前の通りに「ここにレッドカーペットを敷いたら、ファッションショーみたい」と言う人もいました。

映画『プラダを着た悪魔』（2006）では、主人公アンディの女友達がギャラリーオープニングの日に、お客様のおもてなしをしていました。最近では、チェルシー地区（ハイライン周辺）に集まってきたアートギャラリーが人気のようです。

# 19

# ヘス・トライアングル（Hess Triangle）

N.Y. SMALL GOOD THINGS 20

110 7th Avenue, New York, NY 10014

1914年、7番街を通る地下鉄（地下鉄1番線）の路線が、ミッドタウンからローアーマンハッタンへと延伸されることが決まりました。ニューヨーク市はグリニッジ・ヴィレッジ周辺の土地を買収し、それに伴ってたくさんの建物が取り壊されました。その際、測量士の見落としで、7番街とクリストファーストリートの南側に、三角形の小さな土地が取り残されました。三角形の土地のサイズは、26.5x24.5inch（67.31x62.23㎝）で、面積は0.0000797113エーカー（0.322580平米）。ニューヨーク市で、いやきっと世界中で最も小さい個人の所有地です。※

1922年の裁判で、この土地は元の所有者Hess氏の遺族のものであるという判決が下され、三角形の小さな土地の所有者が、地面にモザイクタイルを埋め込みました。タイルには皮肉っぽく「ヘス家に帰属するこの土地を、公共の目的のために捧げたことは決してない（PROPERTY OF THE HESS ESTATE WHICH HAS NEVER BEEN DEDICATED FOR PUBLIC PURPOSES）」と記されました。

その後、この土地は目の前のシガーストアのオーナーに売却され、その後も新たなオーナーに引き継がれ、今日もニューヨーク市の通りの真ん中に、私有地として堂々と存在しています。

※ ヘス・トライアングルにまつわる話
https://abc7ny.com/hess-triangle-greenwich-village-nyc-history-walking-tours/12077625/

Stonewall National Monument Visitor Center
VILLAGE CIGARS
CIGAR & CIGARETTE
CIGAR & CIGARETTE
SWEATS EVERYTHING
Christopher Street -
Stonewall Station
Downtown
1
PROPERTY OF THE
HESS ESTATE
WHICH HAS NEVER
BEEN DEDICATED
FOR PUBLIC
PURPOSES

20

# サイレントディスコ



その名のとおり、全員がヘッドホンを付けて踊る「音を鳴らさない静かなディスコ」です。夏は屋外で、無料開催されることもあります。ハドソン川に突き出た桟橋（ピア）で行われるサイレントディスコは夕暮れ前から始まるため、子ども連れの家族もやってきます。

受付で本人証明ができるカードを提出し、専用のヘッドホンを受け取ります。DJが3人いて、3種類のそれぞれのジャンル（ヒップホップ、80年代・90年代のダンスの曲、テクノなど）から選曲します。ヘッドホンの音量は自分で調節します。友達や仲間が違うジャンルの音楽を聴いていても問題ありません。みんなフレンドリー。一緒に楽しそうに踊っています。

リンカーンセンターで行われるサイレントディスコのダンスフロアにはクッションが敷かれ、長時間踊っていても疲れにくいようになっています。また、組まれた足場の中央に大きなミラーボールも設置されています。

# おわりに

約30年前、突然決めたニューヨーク留学。ニューヨークでは、カスタマー・リレーションズを学びましたが、学校での学びは基本編。実際のニューヨークでの生活や社会に出てからの学びは実践編。その後、長く暮らしたからこそ見えてくることがたくさんありました。

ニューヨークで生きている人たちは、忙しい街の中でも自分を見失わないよう、いつもたくましく、毎日「今」を生きることを繰り返しているように見えます。

今回、本の制作をする中で私にずっと勇気を与え続けてくれたニューヨークの街のエネルギーに改めて気づかされました。くじけない、諦めない、辞めない。だから、失敗という言葉はない。そんな私が見て感じてきたニューヨークの不思議なエネルギーや、パワフルな街で自分らしく暮らすための工夫や心持ちを、ニューヨークに興味を持つ読者の皆さんと分かち合いたい。この本にはそんな思いをたっぷり込めました。いくつになっても勇気を持って新しいことにチャレンジしたい方に、そのきっかけ作りのお手伝いができればと思います。

ニューヨークでは、高校や大学の同窓会の方々に大いに助けられ、そして、そこからまたご縁がどんどん広がっていきました。本の制作にあたっても、たくさんの方にお世話になりました。支えてくれた皆さま、そして大切な家族に心から感謝します。

島田安紀子

著者紹介

## 島田 安紀子（しまだ あきこ）

東京都出身。30歳で単身渡米後、30年以上ニューヨークに在住。セントラルパークで見たダンス・ローラースケーティングと、そのサークルの自由な雰囲気に魅了され、ニューヨーク移住を決意。ニューヨークでは、通訳、翻訳、秘書、営業補佐、保険会社のクレーム対応係などさまざまな職種を経て、2005年ミルクレープを世界に広めたニューヨークの高級ケーキ店「Lady M」に就職し、アメリカ国内だけでなく、香港、シンガポール、台湾、中国などインターナショナル・パートナーのビジネス展開にも参画。アジアを含め全世界で27店舗以上を展開し、最終的に副社長、チーフ・プロダクション・オフィサー（CPO）、チーフ・カルチャー・オフィサー（CCO）まで勤め上げ、2020年退職。

2021年、「The Akiko Wellness」を立ち上げ、ホリスティック・セラピストとして老若男女さまざまな背景を持つクライアントにセッションを提供。ヨガインストラクターの免許も持つ。

## 本書内容に関するお問い合わせについて

このたびは翔泳社の書籍をお買い上げいただき、誠にありがとうございます。弊社では、読者の皆様からのお問い合わせに適切に対応させていただくため、以下のガイドラインへのご協力をお願い致しております。下記項目をお読みいただき、手順に従ってお問い合わせください。

### ご質問される前に

弊社Webサイトの「正誤表」をご参照ください。これまでに判明した正誤や追加情報を掲載しています。

正誤表　https://www.shoeisha.co.jp/book/errata/

### ご質問方法

弊社Webサイトの「書籍に関するお問い合わせ」をご利用ください。

書籍に関するお問い合わせ　https://www.shoeisha.co.jp/book/qa/

インターネットをご利用でない場合は、FAXまたは郵便にて、
下記"翔泳社 愛読者サービスセンター"までお問い合わせください。
電話でのご質問は、お受けしておりません。

### 回答について

回答は、ご質問いただいた手段によってご返事申し上げます。ご質問の内容によっては、回答に数日ないしはそれ以上の期間を要する場合があります。

### ご質問に際してのご注意

本書の対象を超えるもの、記述個所を特定されないもの、また読者固有の環境に起因するご質問等にはお答えできませんので、予めご了承ください。

### 郵便物送付先およびFAX番号

送付先住所　〒160-0006　東京都新宿区舟町5
FAX番号　03-5362-3818
宛先　（株）翔泳社 愛読者サービスセンター

※本書に記載されたURL等は予告なく変更される場合があります。
※本書の出版にあたっては正確な記述につとめましたが、著者や出版社などのいずれも、本書の内容に対してなんらかの保証をするものではなく、内容やサンプルに基づくいかなる運用結果に関してもいっさいの責任を負いません。
※本書に記載されている会社名、製品名はそれぞれ各社の商標および登録商標です。

デザイン　三宅理子
イラスト　髙橋あゆみ
撮影　島田安紀子
編集　二橋彩乃

# 暮らしの図鑑 ニューヨークの毎日

**パワフルな街を自分らしく楽しむ工夫 × 基礎知識 × NY《ニューヨーク》をもっと深めるモノ・コト 20**

2024年12月9日　初版第1刷発行

著　者　島田安紀子（しまだ あきこ）
発行人　佐々木幹夫
発行所　株式会社翔泳社
（https://www.shoeisha.co.jp）
印刷・製本　日経印刷株式会社





ISBN978-4-7981-8478-4　Printed in Japan